LLÊN GWERIN Y MÔR

Llyfrau Llafar Gwlad

Llên Gwerin y Môr

Arferion, chwedlau, coelion, dywediadau, mytholeg, traddodiadau

Dafydd Guto Ifan

cYm
398. 09429
I FA

Argraffiad cyntaf: 2012

ⓗ Dafydd Guto Ifan/Gwasg Carreg Gwalch

Rhif rhyngwladol: 978-1-84527-327-9

Mae'r cyhoeddwr yn cydnabod cefnogaeth ariannol
Cyngor Llyfrau Cymru

Llun clawr: Porth Ceiriad, Andrew Green
Cynllun clawr: Sion Ilar

Cyhoeddwyd gan Wasg Carreg Gwalch,
12 Iard yr Orsaf, Llanrwst, Conwy, LL26 0EH.
Ffôn: 01492 642031 Ffacs: 01492 641502
e-bost: llyfrau@carreg-gwalch.com
lle ar y we: www.carreg-gwalch.com

Argraffwyd a chyhoeddwyd yng Nghymru.

Cynnwys

Cyflwyniad

Y mae'r moroedd wedi bod yn rhan annatod o'n bywydau erioed. Daw inni ar ffurf gwyliau ac i'n haelwydydd fel rhan o'n bwydydd. Ond beth, meddech chwi, ydoedd y prif gymhelliad i fynd ar drywydd chwedloniaeth, dywediadau, mytholegau, traddodiadau, a'r oll yn ymwneud hefo'r moroedd?

Yn hyn o beth y mae chwedl o Ynys Samoa yn y Môr Tawel yn werth ei nodi. Tywysydd, neu'n hytrach, gapten tra nodedig ydoedd Kahomovailahi ac mewn gwth o oedran roedd o'n ddall; ond gwyddai bob amser ble roedd o tra'n morio. Sut hynny, meddech chwithau, ac yntau'n methu gweld? Teimlo tonnau'r môr hefo bysedd ei ddwylo y byddai!

Rhyw deimlo pethau anesboniadwy ar y pryd yn cyniwair ynom a wna llawer ohonom ni. Y mae hynny yr un mor wir am y moroedd a'r toreth chwedlau sydd ynghlwm wrthynt. Y mae'n bosib hefyd, fel y gwelwch o ddarllen y gyfrol, fy mod innau fel llawer un arall hefo rhyw ddirgel barch tuag at donnau, ewyn, llanw a thrai. Perthyn iddynt eu dirgeledigaethau. Y maent yn orlawn o fywyd ac antur. Gallent eich anrhegu a bod yn haelionus neu eich tlodi drwy golli eiddo neu hyd yn oed fywydau.

Ni allai'r morwyr reoli'r eigion mwy na'r gwyntoedd a'r ystormydd; a'r cyfan a berthynai iddynt ar fordeithiau ydoedd rhyw dameidiau o goelion, dywediadau ac ofergoelion. Eu cysur hwy ydoedd dernyn o goel a dywediad. Pethau i'w trysori oeddynt yn bendifaddau.

Dafydd Guto Ifan
Mawrth 2012

Diolchiadau

Fel y cyfaill diwyd Robin Gwyndaf a'r gwaith anhygoel a wnaeth er mwyn hyrwyddo y goreuon o lên gwerin ein gwlad, darlithydd yn y Gymraeg a ymddiddorai mewn enwau lleoedd a tharddiad geiriau ydoedd y diweddar Dewi Machreth Ellis. Diolch yn bennaf iddo ef, cyn-athrawon, cyn-ddarlithwyr a chyfeillion am fy ysgogi i fynd ati i gasglu ffeithiau a'u troi'n erthyglau ac weithiau'n llyfrau. Diolchiadau rif tonnau'r môr yn ogystal i'm cyfeillion am fy ysgogi i eistedd wrth ford a dechrau cofnodi hyn ac arall; cyfeillion da imi ers llawer dydd bellach ydyw Alun a Mena Ifans, Gorsedd, Wil a Sue, Llanelli, a Gerard yn ninas Rydd Derry.

Diolchaf yn bennaf i ysgrifenwyr a chasglwyr diwyd fel Twm Elias, Eirlys Gruffydd a llawer i un arall am eu herthyglau difyr sy'n mynd ar drywydd chwedlau a dywediadau a berthyn i'r moroedd. Diolch i Myrddin a'i staff diwyd yng Ngharreg Gwalch am gyhoeddi'r llyfr hwn, i Nia Roberts am olygu, ac i Sion Ilar am y clawr. A dyna ni! Gair cryno fel'na'n union a'ch annog i fynd ati'n ddi-ymdroi i'w ddarllen.

Cyflwynir y gyfrol, a fu ar y gweill am bron i ugain mlynedd, er cof am dri ewythr o ochr fy nhad; morwyr o'u pennau i'w sodlau. Eu henwau ydoedd y diweddar John, Edward (Ned), a Harri Jones o'r Bermo, ac fel llawer un arall o'r dref honno a Chymru benbaladr bu iddynt grwydro'r moroedd. Telir teyrngedau yn ogystal i'r diweddar gyfaill Martin Eckley (o ddylanwad aruthrol yn fy hanes), hefyd Dr Lewis Lloyd, Llanfair, Meirion, a llongwyr o bob oes yng Nghymru – rhai fel Tom Benllech a Thwm Penceunant, hefyd Roli Wyn ei frawd ac i'm rhieni, John a Menna Ifans, gan iddynt fyw cyfran teg o'u bywydau yng ngolwg y môr. Yn ogystal hoffwn dalu diolch i'm diweddar gymydog John E. Wiliams, y Gors, Allt Rhiwth, ger Llanrug, am ei ddisgrifiad o'r awyr las sef *ei fod fel trowsus llongwr*.

Gan fy mod innau'n hynod fychan ran corffolaeth mi ddylswn i wybod beth ydyw mentro i ganol byd mor fawr! Y mae'r dyfnfor a'r holl chwedloniaeth sydd ynghlwm wrtho yn faes eang a thoreithiog tu hwnt. Yn ystod sgwennu'r llyfryn bu imi geisio dethol a dadansoddi gan deimlo mwy nag unwaith fel tamaid o gorcyn Portiwgal ynghanol yr holl donnau.

Yr wyf hefyd am ddiolch i Linda fy nghymar gan wybod iddi gadw

7

cwmni agos-glos i greadur anystywallt fel fi, yn enwedig wrth inni groesi ar long o Gaergybi un tro i'r Iwerddon Rydd a'r tywydd fymryn yn ystormus; a thro arall wrth fentro i ganol gwylltineb y tonnau tra ar gwch yn croesi o Ynysoedd yr Orcni i John o' Groats yn yr Alban.

Yn bennaf oll ceisiais gasglu deunydd at ei gilydd er mwyn rhoi rhyw ychydig o drefn arno. Roedd yn hen bryd casglu'r ffynonellau i un cawell pysgota! Os bu imi lwyddo sy'n fater arall. Chwi a neb arall sydd i benderfynu hynny.

Diolchir o waelodion môr fy nghalon i'r cyfranwyr a'r cynorthwywyr canlynol, ac os methais nodi unrhyw un arall disgynnaf yn wylaidd-ostyngedig ar fy mai gan erfyn arnoch am bob gras a maddeuant:

Rachael E. Anderton, Curadur Hanes Cymdeithasol Amgueddfa ac Oriel Casnewydd Mynwy; Alastair Barber, Prif-Lyfrgellydd Cymunedol Llyfrgell Sir Ddinbych Rhuthun; Julian Carter, Swyddog Cadwraeth Adran Bioamrywiaeth a Bywydeg Gyfundrefnol Amgueddfa Cymru Caerdydd; Eifion Davies, Borthygest; Judy Davies, Ysgrifenyddes Pennaeth yr Adran Coleg Gwyddorau Naturiol Ysgol Gwyddorau Eigion Prifysgol Bangor; Phil Davies, Llyfrgellydd Cyfeiriadol Llyfrgell y Sir Hwlffordd; Dr David Jenkins, Uwch Guradur Amgueddfa Genedlaethol y Glannau Abertawe; P. G. Longfield, Ysgrifennydd Cymdeithas Pysgotwyr Y Rhyl; gweithwyr ddoe/heddiw Llyfrgelloedd y Brifysgol Bangor a Thref Caernarfon; Elizabeth L. Mobey-Gilbert, Adran Astudiaethau Lleol Y Lyfrgell Ganolog Caerdydd; Liz Newman, Archifydd Archifdy Sir y Fflint Penarlag; Gareth Wyn Parry, Moelfre; Rhion Pritchard, cyn-reolwr Uned Talnet, Canolfan Llyfrgell Caernarfon; Ray Rowlands, Amgueddfa Arforol Caergybi; Harriet Wood, Adran Bioamrywiaeth a Bywydeg Gyfundrefnol Amgueddfa Genedlaethol Caerdydd.

Y Môr: Beth ydyw mewn gwirionedd?

Beth yn union ydyw'r môr? Hwn a fu'n destun cerddi beirdd o bob gwlad o'r bron. Hwn a fu'n gyfrwng casglu am ganrifoedd ar ganrifoedd, ar ffurf storïau a hanesion amdano. Hwn sydd byth yn llonydd. Hwn sydd hefo ei lanw, penllanw, a distyll.

I rai ohonom byd o ddirgelwch ydyw. Gall fod un ennyd yn dawel. 'Y mae'r môr heddiw fel pwll chwiaid' (hwyaid), ydyw'r ymadrodd a glywir pan fo'n llonydd braf. Ond gall fod fel arall, pryd y gwelir ei dymer a'i wylltineb yn yr amlwg.

Bu dyn drwy'r oesoedd yn rhyfeddu, edmygu a hyd yn oed ar adegau'n gwgu at yr eigion. Ond rhywbeth a fodolai cyn creu dyn ydoedd y môr. Rhywbeth a berthynai i amser bron yn y dechreuad ydoedd. Golygai hyn ei fod yno cyn creu daear, mynyddoedd, pentiroedd, a chyfandiroedd. Does ryfedd i'r athronydd o wlad Groeg, Thales, honni bod y môr wrth wraidd popeth sydd wedi ei greu.

Yng ngolwg rhai bodau dynol merch y duwiau ydoedd. Y mae Hesiod yn dweud i'r ddaear eni Uranus, yna Pontus, cyn uniaethu ei hunan hefo'r cefnfor di-waelod. Yn yr Iwerddon credid mai hen ddyn a feddai ar allu i reoli'r cefnfor ydoedd y môr a phan grëwyd y byd fe'i rhybuddiwyd gan Dduw i ofalu na fyddai'r un dyn yn boddi. Ond anghofiodd dyn ei addewid.

Yn yr Iwerddon ceir y dywediad; *Bionn acuid féin ag an blifarrage* sy'n golygu 'y mae'n rhaid i'r môr wrth yr hyn sy'n ddyledus iddo', a chredir ei bod yn anlwcus achub morwr ar fin boddi. Tyngedau morwyr a fynnai achub morwyr eraill fyddai boddi'n y môr.

Un hen goel ydyw bod y môr bob amser hefo'r fythol hawl i gymryd bywydau. Byddai nifer o forwyr yn amharod i achub bywydau morwyr mewn trafferthion. Eid ati i osgoi cyswllt corfforol hefo'r trueniaid yn y dyfroedd ac er mwyn diogelu eu hunain taflent raffau neu unrhyw daclau eraill i ganol y môr gan fyw mewn gobaith y gallai'r sawl a oedd mewn trafferthion gael gafael arnynt.

Paham moroedd yn llawn halltedd?

Yn llên gwerin yr Iwerddon dywedir i gapten llong daro ar felin go arbennig a fedrai gynhyrchu halen! Aeth â hi adref yn ei long ond daeth yr awydd drosto tra ar y fordaith i wneud defnydd o'r felin ryfeddol. Rhoddodd hi ar waith ond bu iddo anghofio sut i'w diffodd ac yn fuan gorlifodd yr halen. Aeth y llong dan ei phwysau i waelod y môr ac yno y mae hi o hyd yn cynhyrchu digonedd o halen ar gyfer yr holl ddyfroedd!

Mewn chwedl arall a berthyn i Norwy adroddir hanes dau frawd. Digon tlawd ydy hi ar un ohonynt tra y mae'r llall ar ben ei ddigon. Gorfodir y tlotaf ohonynt gan ei frawd cyfoethog i deithio hyd bellteroedd daear a'r cwbl sydd ganddo'n ei feddiant ydyw cig moch. Cyfarwyddir y tlotyn gan ddyn o'r coed i ymweld â phlasdy a llwydda yno i gyfnewid y cig am felin fechan. Teclyn ydyw a rydd i chwi bopeth y gofynnir amdano. Ond clyw y brawd cefnog am y felin a cheisia ei phrynu. Fe'i gwerthir iddo ar yr amod bod ei frawd a fu'n dlawd yn cael ei chadw tan ddiwedd yr haf hwnnw. Rhydd hyn gyfle teg iddo gyfoethogi. Ar ddiwedd y cyfnod hwn trosglwyddir y felin i'w frawd goludog a dangosir iddo pa fodd i'w gweithio ond nid sut i'w diffodd. Hefo'r felin yn gweithio'n ddi-baid digwydd llanastr ac y mae'r brawd cyfoethog yn ei hail-ddychwelyd i'r cyn-dlotyn o frawd. Pryn yntau fferm. Caiff fyw yng ngolwg y môr ond ymhen amser daw capten llong i wybod am y felin. Bu iddo ei lladrata. Tra ar fordaith meddyliodd y lleidr yr hoffai lwyth o halen i'w werthu mewn rhyw wlad bell, ond ni wyddai sut i atal y felin rhag malu. Trymhaodd y llwyth a suddodd y llong. Ac yng ngwaelod yr eigion y mae'r felin o hyd yn dal ati i falu halen!

Pwy ydoedd 'dyn y coed'? Ai dewin, neu hyd yn oed dderwydd?

Yng nghymdogaeth Sant Malo, Llydaw, y mae'r dewin a gollodd ei felin ryfeddol ar brydiau yn llamu i'r môr er mwyn ceisio dyfod o hyd i'r teclyn a gollwyd, a dywedir mai ei neidiadau i'r dyfnfor sy'n achosi i'r tonnau godi a gostwng!

Bodola ddewin hefyd yn y chwedl a berthyn i arfordir Ille et Vilaine, Llydaw. Fo a ddyfeisiodd y felin ryfeddol ond bu i forwr ei lladrata a thra ar fordaith sylweddolodd hwnnw bod angen halltu'r pysgod a ddaliwyd. Rhoddodd y felin ar waith ond ni allai ei hatal rhag creu, a'r canlyniad ydoedd i'r llong or-bwyso a suddo. Dywedir i'r felin ddal ati i greu halen ar wely'r môr.

Yr hyn a geir yn y gwahanol fersiynau o'r chwedlau uchod ydyw dyn sy'n llawn trachwant a'i fod yn methu rheoli na hyd yn oed deall yr hyn ydoedd yn hudol. Yn y diwedd gwelir byd Natur yn hawlio yr holl gyfoeth a ddarparwyd. Yr eigion sydd oruchaf ac yn trechu'n bendifaddau.

Ym Moroco ceir chwedl sy'n dweud i Dduw greu'r môr ag iddo flas melys, ond drwy esgeulustod boddwyd y tiroedd cyfagos, a marw fu hanes popeth. Penderfynodd Duw anfon haid o bryfed, a'u gwaith fyddai llyncu'r dyfroedd er mwyn ffurfio tiroedd sychion. Gofynnodd y môr am faddeuant a gorchmynnodd Duw i'r pryfed boeri allan y cyfan a draflyncwyd ganddynt. Bu iddynt ufuddhau ond roedd dyfroedd y môr wedi bod yn eu ystumogau am gryn amser fel mai blas hollol hallt oedd arnynt!

Ond beth ydyw'r moroedd? Nid ydynt ond cyrff o ddŵr heli neu groyw sy'n gorchuddio'r rhan fwyaf o wyneb y ddaear a phob amser wedi eu hamgylchynu gan diroedd.

Cist yr hen Ddeifi/Dafydd Jôs!

Holodd David Absalom yng nghylchgrawn *Cyfaill yr Aelwyd* yn 1887 paham y gelwir y môr wrth yr enw 'Dafydd Jones'. Ni chafwyd ymateb i'r ymholiad! Efallai na chawn fyth ateb pendant, ond gwyddom i Daniel Defoe ddefnyddio'r ymadrodd mor gynnar â 1726 yn ei gyfrol *Four Years Voyages of Captain George Roberts*.

Gwyddys mai'r enw a ddefnyddid gan forwyr o Gymru am y dyfnfor ydoedd 'Cist 'r hen Ddeifi/Ddafydd Jôs' sy'n ymadrodd a ddefnyddid tua chanol y ddeunawfed ganrif. Serch hynny, ni wyddys pwy yn hollol ydoedd Deifi/Dafydd Jôs.

Hyd yn oed heddiw deil nifer o drigolion y glannau i gerdded y traethau er mwyn cribinio drwy'r hyn a deflir ar y tywod. Y diben o wneud hynny ydyw gweld 'pa beth a gaffai gan ei Ewythr Dafydd Jones', oblegid fel yna y galwai ef, a'i deulu o'i flaen, y môr bob amser.

Rhai geiriau sy'n ymwneud â'r môr

ANODDUN/ANODDYN
Gorddyfnder, dyfnfor, eigion, llifeiriant.

CEFNDDWR
Llifeiriant, eigion.

CEFNFOR
Y dyfnfor, yr eigion, y weilgi, llifeiriant.

DISTYLL
Diferiad, mewn-lifiad allan, trai; terfyn eithaf y trai; dyfodiad i ben.

DYFNFOR
Cefnfor, y môr mawr, eigion.

EIGION
Dyfnfor, cefnfor, y weilgi, anoddun, gwaelod, neu ddyfnder.

GWANEG
Ton, dygyfor môr, ymchwydd, rhuthr.

GWEILGI
Enw arall am y dwfn, neu y dyfnder, cefnfor, eigion, môr, y môr mawr ydyw'r 'gweilgi'. Dyma'n fras a chryno beth a gynigir gan yr ysgolheigion ieithyddol: Gwael + *ci* = blaidd; cf. *gail* am flaidd yn yr iaith Llydaweg; wedyn mewn Gwyddeleg Canol ceir *fáel* am flaidd; hefyd *fdelch* sy'n cyfateb i 'weilgi'. Yn ôl *Geiriadur Prifysgol Cymru* tybir mai math o bersonoliad o'r môr ydyw 'gweilgi', neu ei fod efallai'n cynnwys ryw syniad mytholegol am yr eigion, fel anifail yn udo, hynny ydyw, delweddir y môr fel blaidd. Yng Ngaeleg yr Alban ystyr *cu mara* ydyw 'bytheiad y môr'.

Yn y Gymraeg, ceir yr ymadrodd 'yn gidwm wyllt'. Y mae'r gair 'cidwm' yn golygu 'blaidd' a hefyd 'cnaf', 'dihiryn', 'ymladdwr ffyrnig'. Ymhlith chwedlau niferus gwlad Groeg sy'n ymwneud â duwiau'r cefnfor, enw arall ar y dduwies fôr *Oiolyka* ydyw'r 'fleiddast unig'. Personoli, a chyfleu aflonyddwch a ffyrnigrwydd ydyw delweddu'r môr fel blaidd/cidwm. O'i weld ar ffurf ystormydd geirwon sy'n hawlio bywydau dynol gellir ei ystyried fel ysbeiliwr, hyd yn oed yn flaidd, ond nid o angenrheidrwydd erbyn heddiw gan fod yr anifail hwnnw, ar sail astudiaethau mwy trylwyr nag erioed ohono, wedi ennyn mwy o barch a dealltwriaeth tuag ato.

Ystyr 'colwyn' (cf. Bae Colwyn), sydd hefyd yn enw ar nifer o nentydd a lleoedd yng Nghymru, e.e. Abergynolwyn, ydyw 'un ifanc o epil rhai anifeiliaid', ac enwir y ci'n y categori hwn. Diddorol ynte, o ystyried safle tref Bae Colwyn ar lan y môr, gan gofio bod y blaidd hefyd o hen deulu'r ci!

Cofnodwyd yn ardal Clynnog, Arfon, y gair 'bwlff' neu 'wlff', (o'r Saesneg *wolf*; cf. fel enw lle *Cae Wlff*, Llandderfel, Meirion, ond efallai mai enw person ydyw yno, sef Wlff/Wilff/Wilffred). Golyga bwlff/wlff yn y rhan hwn o Arfon 'byllau bach o enfys a welir weithiau y naill ochr i'r haul ac sydd aml iawn yn arwydd bod storm ar ei ffordd'. Enwau eraill yng Nghlynnog ar y rhain ydyw ci drycin neu gyw drycin a gellir eu gweld yn llechu'n y golwg i'r Gorllewin dros y môr rhyw ddwy neu dair awr cyn machlud.

LLANW
Ymchwydd, mewnlifiad y môr a achosir gan atyniad y lloer ac, i raddau llai, yr haul. Llif, gorlif, dylifiad.

PENLLANW
Cyflwr y llanw pan fydd wyneb y dŵr ar ei uchaf, yr adeg pan bydd y llanw'n llawn.

TRAI
Adlifiad y llanw. Ceir yn yr Wyddeleg Canol a Diweddarach *trai* a *thra* sy'n golygu traeth.

Y TONNAU
Ton, dygyfor môr, ymchwydd, rhuthr.

Y nawfed don ydyw 'merched y môr' ebe un hen goel a berthyn i wledydd Llychlyn.

Yn ôl y Groegiaid a'r Rhufeinwyr Poseidon a oedd yn gyfrifol am gynhyrchu bob ton. Ganddo ef hefyd roedd y fythol hawl a'r nerth i'w tawelu.

Ym mytholeg gwlad Groeg daliai'r duwiesau canlynol gyswllt agos-glos hefo'r eigion:

Benthesikym – un o ferched Poseidon. Daliai hi gyswllt hefo tonnau'r môr.

Galateia – dywedir ei bod fel nymff yn gyfrifol am yr holl liwiau a geid yn nhonnau'r eigion.

Hippokampoi – dyma'r enw a roid ar geffylau ag iddynt gynffonnau pysgod. Nhw a fyddai rhwng llorpiau cerbyd y prif dduw ac arglwydd yr eigion sef Poseidon ac yn ei yrru i bobman.

Ym Malay yr hyn a olygir wrth *Puteri Tunjung Buih* ydyw 'merch yr ewyn'. Coleddai'r Llychlynwyr hwythau'r gred mai merched y dduwies Rana ydoedd y tonnau ac mai'r duwiau a reolai symudiadau'r môr.

Ym Mhortiwgal credid bod tonnau'r môr wedi eu creu fel canlyniad i gosb a ddisgynnodd o'r nefoedd i'r ddaear. Cuddid y gosb wrth ddau allwedd, un yn ddu, a'r llall yn euraidd. Byddai'r allweddi yn llaw Pedr a'r sant hwnnw'n unig a allai reoli'r tonnau. Yma eto, gwelir cyswllt â Christnogaeth a'r ffaith i ddisgybl yr Arglwydd Iesu gerdded tonnau Môr Galilea. Yng Nghorc, Iwerddon, credid y byddai rhywun o bwys yn marw pe clywid y tonnau'n rhuo. Yr hyn a beri i'r tonnau fod yn ferw gwyllt yn yr Alban a Llydaw, ydyw llefain morwyr a foddodd a'u protestio ar lafar oherwydd eu bod yn anniddig eu bydoedd oherwydd na chafodd eu cyrff orffwyso mewn cysegrleoedd addas.

Fel yn yr Alban ac Iwerddon ceir hefyd yn Nenmarc goel ynghylch clywed ton o'r môr yn ochneidio a'i bod yn mynnu hawlio enaid dynol. Yng Nghymru credir bod dwndwr y tonnau ar y creigiau ger cyn-safle Castell Dindryfan sydd rhwng Aberogwr a Thrwyn y Wrach (*Trwyn y Wits*), nid nepell o Saint y Brid ym Morgannwg, i'w briodoli i'r dduwies Gyhiraeth a drefnai drychinebau a marwolaethau unwaith y clywid twrw ei thonnau'n y môr. Byddai'r duwies a oedd yn rhyw fath o *banshee* yn ochneidio mor uchel fel y gallai bodau dynol glywed ei hochneidio, a hynny gryn bellter oddi wrth yr eigion! Rhagfynegai hynny drychineb.

Y don hiraf (*Aremata-Rorua*) a'r don leiaf (*Aremata-Popoa*) yw tonnau'r môr a ofnid gan forwyr Polynesia oherwydd eu cred mai cythreuliaid nerthol sy'n cuddio ynddynt.

Ar Ynys yr Iâ y mae gweld tonnau glasach nag arfer yn arwydd bod llongddrylliadau ar ddigwydd.

NERTH BOB TON

Mae'r seithfed a'r nawfed don bob amser yn cael eu cyfrif fel y rhai sy'n achub bywydau, a chredir bod mwy o nerth yn perthyn iddynt nag unrhyw don arall. Pe byddai dyn ar foddi yn medru cael ei ddal yn y nawfed neu'r seithfed don yna y mae yna obaith da y caiff ei achub o ganol ei holl drybeini. Ond os yw'r dyn yn nofio tua'r lan ac yn cael ei oddiweddyd gan un o'r tonnau hynny yna y mae ei siawns o gyrraedd y lan wedi diflannu am byth.

Ymhob tair ton ceir un sy'n llawer mwy nerthol na'r lleill. Coel yw hon a berthyn i Lydaw. Y don honno sydd uchaf ei dwndwr hefyd. Yn ddiddorol iawn y goel yn yr Alban ydyw y perthyn i bob tymestl dair

Hen gerdyn post sy'n dangos ymchwydd tonnau'r môr

ton sydd tu hwnt o nerthol. Y rhain ydyw'r tonnau mwyaf dinistriol o ddigon, a'r un mwyaf gwan a'r lleiaf peryglus ydyw'r bedwaredd don. Yn yr Iwerddon priodolid nerth o'r mwyaf i'r nawfed don gan mai hon ydoedd y peryglaf o ddigon. Fe'i gelwid *tonn bháite* sef y don sy'n boddi popeth byw. Ceid traddodiad yn Iwerddon bod y bedwaredd don yn un o bwys a'i bod yn wylo'n uchel ac yn rhagfynegi trychinebau, yn enwedig marwolaethau brenhinoedd. Yng Nghymru byddai'r meirwon yn cael eu claddu ar y Tir Mawr wrth i'r nawfed don lithro ar dywod y traethau. Ceir dwy o'r tonnau hyn ar arfordir de-orllewin yr Ynys Werdd, sef *tonn Chliodhna* ym Mae Tralee a *thonn Tóime* ym Mae Kenmare. Yng Ngogledd ddwyrain yr un wlad, ym Mae Rathlin, ceir *tonn Tuaidhe*, ac ym Mae Dundrum ceir *tonn Ruaidhrighe*. Dywedir bod yr hen feirdd Gwyddelig drwy gyfrwng tonnau'r môr yn medru dehongli yr hyn a glywent.

Ton Chliodhna ydyw'r dduwies Wyddelig a anfarwolwyd oherwydd ei harddwch ac a ddeil gyswllt hefo swydd Corc; a thra y cysgai ar lan y môr heb fod ymhell o borthladd yr aur, sef Glandore, a'i chariad Ciabhan ar y pryd yn hela, fe'i cipiwyd gan don o'r eigion, a boddwyd hi. Hyd heddiw ym mhorthladd Glandore y mae'r cof a'r chwedl amdani'n fyw. Un o donnau enwog Eire ydyw'r don hon.

HERIO'R TONNAU
MAELGWN GWYNEDD c.480-547
Yr elfen enwol (onomastig) a berthyn i'r chwedl am Maelgwn Gwynedd. Dywedir iddo orchymyn i holl benaethiaid y Cymry fynd ati i ymgynnull ar draeth Maelgwn yn aber yr afon Ddyfi er mwyn sefydlu pwy oedd i deyrnasu arnynt. Gofynnwyd i bob un ohonynt eistedd ar eu gorseddfeinciau ac aros am y llanw. Yr enillydd fyddai'r person a arhosai'n eisteddog. Bu'n rhaid i bob un ohonynt, heblaw Maelgwn Gwynedd, ildio i'r llanw.

Dywedir iddo orchymyn i Maeldaf yr Hynaf lunio iddo orseddfainc ag iddi adenydd wedi eu cwyro fel nad oedd hi'n bosib suddo'r dodrefnyn! Ymddengys bod y chwedl hon yn goroesi'r un am y Brenin Canute ond hwnnw, ysywaeth, a'i hanes drwodd a thro a glodforir mewn llyfrau hanes a chwedloniaeth sy'n perthyn i Loegr.

CANUTE/ KNUD/KNUT DEN MEKTIGE
c. 994-m.12fed Tachwedd 1035

Brenin a aned yn Nenmarc. Mab Svein ydoedd Canute. Fis Awst, 1013, daeth hefo lluoedd arfog ei dad i Loegr, a bu iddynt lwyddo i goncro'r Sacsoniaid. Canute, wedi ei leoli yn Gainsborough a ofalai am y fyddin o Ddenmarc. Yn Chwefror y flwyddyn ddilynol bu farw Sevin a chyhoeddwyd mai ei fab fyddai brenin newydd Lloegr.

Ceir chwedl amdano ar draeth Bosham, Lloegr yn gorchymyn i donnau'r môr encilio. Dywedir iddo flino ar holl weniaith ei lys a oedd wrthi'n barhaus yn ei ganmol drwy ddweud wrtho ei fod o'n frenin tra-galluog ac na fyddai'r un enaid byw yn yr holl fyd yn anufuddhau iddo. Aed mor bell hyd yn oed a dweud bod y môr dan ei reolaeth.

Gyda'r bwriad o brofi bod pobol ei lys yn anghywir eisteddodd Canute ar ei orseddfainc ynghanol tonnau'r môr gan ddatgan, 'Gadewch i bawb oll wybod pa mor ddi-ddim ydyw nerthoedd brenhinoedd. Nid oes neb arall yn haeddu'r fath enw ond Duw, i'r Hwn y mae'r nefoedd, y ddaear, a'r môr yn ufuddhau'. Ni fu i'r môr encilio a gorchmynnodd y brenin i'r gweniaethwyr aros yno hyd nes iddynt gyfaddef nad oedd y môr yn ufuddhau i'w brenin.

CESYG GWYNION

Byddai'r hen bobol yn dychryn o weld 'cesyg gwynion' yn y môr. Ysbrydion pobl a foddodd yn y môr ydoedd y cesyg gwynion. Coleddid y syniad, yn enwedig yn ystod tymor y Nadolig, y Pasg, a'r noson cyn Calan Gaeaf, bod yr holl bobl a foddwyd yn y môr mawr yn codi o'r dyfnderoedd ac yn marchogaeth y tonnau ar ffurf ceffylau gwynion. Gelwid y tonnau gwynion ger y tywod peryglus oddi ar Drwyn yr As, nepell o Sain Dynwyd, De Morgannwg, yn 'ddawnswyr llon'.

GWENHIDWY/GWENHIDYW

Mae hen chwedl Gymreig am Gwenhidwy yn datgan bod 'y tonnau brig-wynion yn ddefaid iddi ac mai'r nawfed don oedd ei hwrdd'. Yn y bymthegfed ganrif dywedodd Rhys Llwyd:

Haid o ddefaid Gwenhidwy
A naw hwrdd yn un â hwy.

Awgrymir nifer o ystyron i'r gair 'Gwenhidwy'. Dywedir mai math o ellyll, drychiolaeth, bod bychan anghredinol neu fôr-forwyn ydoedd, ond mae T. Llew Jones o'r farn bod Gwenhidwy yn 'dduwies ramantus y môr a'r dyfroedd ac yn feistres ei phreiddiau anystwallt sef y tonnau'.

GWRACHOD A'R TONNAU
Ymhlith morwyr rhai gwledydd yn Ewrop credir bod gwrachod sy'n guddiedig yn nhonnau'r môr o'u digio yn bwrw eu cynddaredd ar eu gelyn-ddynion. Yn wastad odditan eu llach y mae'r mordeithiwyr. Byddent yn gwneud eu gorau glas i suddo'r llongau, a boddi'r teithwyr.

Diddorol nodi yma i wrachod Llanddona, Ynys Môn, fod ar drugaredd y môr cyn glanio ac i drigolion y tir mawr geisio eu cael i droi'n eu holau, a'u bod wedi'r glaniad wedi eu cyfyngu ar draethell. Â hwythau rhwng byw a marw a hefo syched aruthrol, bu i'r gwrachod orchymyn i ffynnon darddu o'r tywod. Wedi cael troedle ar y tir mawr aethant ati i ysmyglo nwyddau, a byddent yn cael y gorau ar unrhyw wrthwynebydd, a hynny drwy ollwng pryfed a oedd ynghlwm wrth eu crafatau, a'r rheiny yn eu tro'n hedfan am lygaid gelynion y gwrachod a'u dallu.

Y FAM-DON
Fodd bynnag, yn Ynysoedd y Shetland, yr Alban, ceir traddodiad ymhlith morwyr ynghylch y *damoder-die*, sef y fam-don, ac o ganfod eich hunan ar y môr ynghanol niwl trwchus, mai'r don ryfeddol a enwyd fyddai yn gyfrifol am lywio'r llong a'r criw i ddiogelwch.

YMOLCHI'N NŴR Y MÔR
Er mwyn iacháu anhwylderau neu glwyfau, rheidrwydd arnoch ydoedd ymolchi'n y môr am naw bore yn olynol. Byddai plymio i'r eigion fel hyn yn gwella pobl a ddioddefai gyda'u nerfau.

I'r Llydawyr, bendithion a berthyn i ddŵr y môr. Galluogai pobl, meddent, i fod yn fwy ystwyth eu cyrff, a byddai cael eich gwlychu gan ddŵr yr eigion yn dra bendithiol pe byddech am gael gwared o'r annwyd pen. Byddai morwyr Finistere a Morbihan yn honni bod ymdrochi'n y môr yn golygu na fyddai'r ymdrochwyr byth yn cael annwyd.

Un a oedd yn byw am gyfnod yng Nghei Newydd, ar lan y Ddwyryd ym mhlwyf Llandecwyn, Meirion, ydoedd y diweddar fardd gwlad Meirion Salmon Jones; ac yn ogystal â gweithio fel lythyrgludydd ac ysgrifennu colofn wythnosol am ei fro yn *Yr Herald Cymraeg*, daliai ati, hyd gwth o oedran, i ymdrochi bob bore, drwy'r tymhorau ar eu hyd, yn nŵr y môr a ddeuai dros yr aber heibio i'w gartref.

Cymeradwyid ymdrochi fel y mae'r llanw yn llifo tuag at dir. Credid mai dyma'r amser y bydd y dŵr ar ei gryfaf, a'i effaith ar grwyn dynion fwyaf llesol. Hyd yn oed heddiw, defnyddir dŵr y môr fel balm ar esgyrn dynol yn enwedig os ydynt yn frau, neu'n llawn stiffrwydd. Yn Llydaw arferid defnyddio dŵr hallt fel golchdrwyth i drin llygaid dolurus (a olchid saith hyd wyth gwaith, gan ofalu bod y pen ar ogwydd, ac wedi ei ddal yn y safle hwnnw am oddeutu chwarter awr). Yr adeg gorau i gyflawni hyn ydoedd cyn gwawrio'r dydd, a phan fo hi'n machlud haul. Yng ngwlad Shoni Wynwns yfid dŵr y môr er mwyn gwella y fflamwydden/manwynion (*erysipelas*), a'r hyn a wneid fel arfer ydoedd golchi'r clwyfau pan fyddai'r llanw ar drai. Mewn gwirionedd, yr un hen goel sydd yma eto, sef bod y llanw'n golchi'r clwyf a'r drwg yn treio o'r corff dynol. Golchid llaw dde plentyn morwr yn nŵr y môr a byddai hynny'n gwarantu na fyddai'r bychan byth yn boddi.

YFED DŴR Y MÔR

Da o beth ydoedd yfed dŵr y môr yn ystod eich plentyndod a hynny'n union deg wedi i chwi godi o'r gwely! Os cedwid ati i yfed dŵr hallt y môr yna mi ddylai person fyw i oedran mawr!

O'i yfed yn y boreu ac wedi iddi nosi ceid gwared o annwyd pen, ac unrhyw ddolur gwddf, meddent ym Mhoitou, Ffrainc. Arferiad pur gyffredin yn yr Alban ydoedd yfed dogn sylweddol o ddŵr y môr, a hynny'n blygeiniol, cyn dechrau bwyta!

LLANW A THRAI

Dywedir bod calonnau gwir forwyr yn curo'n gyflymach hefo codiad y llanw.

YACO AC OHO-MAGATSHI

Rhan o'r duwdod maleisus ydoedd pob llanw yng ngwlad Siapan. Fe'u gelwid Yaco-Magatashi ac Oho Magatashi, a'r enw torfol amdanynt ydoedd *Maga-Kami*. Bu i Ho-hodemino briodi merch duw'r môr, ond penderfynodd ddychwelyd i fyw ar y tir mawr.

Parchodd ei dad-yng-nghyfraith ei ddymuniad drwy gyflwyno iddo ddwy garreg, un er mwyn codi o'r llanw, a'r llall er mwyn treio ohono.

RHAI GWLEDYDD ERAILL

Yn rhai o wledydd Llychlyn ystyrir mai creadigaeth y duwiau ydyw'r llanw, ac y gallai'r duw Thor, yn anad neb arall, chwythu trwy bîb o eiddo'r dyfnfor, er mwyn codi a gostwng o'r dyfroedd. Hyn yn ei dro, ebe hwynt, sy'n gyfrifol am y llanw dyddiol. Anadleuon ydynt.

Yn Ynysoedd y Shetland yr anghenfil sy'n byw'n yn nyfroedd y môr sydd yn achosi pob llanw. Yr anadlu a geir yma eto!

Yn ddiddorol, mae coel yn Llydaw mai yn ystod codiad llanw ran fynychaf y genid babanod. Yn fwy rhyfeddol fyth genid hogiau ar bob llanw, a'r genod hwythau pan oedd y llanw ar drai. Credid hefyd bod pobl wael yn gwella hefo dyfodiad y llanw, ond bod eu nerthoedd yn gwanhau pan fo'r llanw wedi troi.

TYRCHOD DAEAR/GWADDOD

Deallir bod tyrchod daear/gwaddod ar ben eu digon yn nhymor y gwanwyn ac yn ystod adegau o'r fath eir ati i fagu rhai bychain. Dyma'r adeg yn ogystal pryd y ceir y llanw ar ei fwyaf – y llanw mawr, ar lafar ym mhentref Talsarnau, Uwch-Ardudwy, Meirionnydd. Bydd y gwlybaniaeth o'r môr yn ymledu oddi tan y tiroedd lled wastad a chleiog ger y pentref, sydd yn aber yr afon Dwyryd. Ar adegau o'r fath mi fydd tyrchod daear/gwaddod yn dyfod mwy-fwy o'u twneli i wyneb y ddaear. Clywid hefyd mewn rhannau eraill o Gymru bod prysurdeb tyrchod daear/gwaddod yn darogan drycinoedd.

Rhai Enwau Cymraeg

(A) LLEOEDD
Carreg yr Ewyn Hyll, ger Pwllheli
Carreg Llong
Cyllell Drai a Chyllell Llanw, Ynys Môn
Gwendraeth Fawr
Malldraeth
Môr Bach Fflat Huw Puw, rhwng y Barras a'r Foel,
Brynsiencyn, Ynys Môn
Traethau:
    Bach/Bychan
    Coch
    Crigyll, Ynys Môn
    Dynion ym Môn
    Lafan
    Mawr
    Melyn(og)
Trwyn Cynddeiriog ym Mhenfro
Trwyn Penwaig
Ynysfor

(B) ANNEDD-DAI
Arfor
Awelfor
Borthlas
Brig y Don
Cilfor, plwyf Llandecwyn, Meirionnydd
Glandwr
Glan (y) Don, Glan (y) Môr
Glasfor
Gwelfor
Gwel y Don
Llannerch y Môr, ar lan y Ddyfrdwy, Sir y Fflint.
Min y Môr, Min y Traeth
Morannedd

Mordon
Môr Awel(on)
Môr Edrin
Tanfôrhesgen, Morfa Harlech
Tregwylan, ger Talsarnau, Meirionnydd
Trem y Môr
Trem y Traeth
Tyddyn y Don
Uwch (y) Don
Weilgi
Wendon

Rhai Duwiau'r Anoddun
– led-led y byd

Ym mytholeg a chwedloniaeth cryn nifer o wledydd bodola nifer o dduwiau a ddeil gyswllt hefo'r cefnforoedd. *Saekounger* y'i gelwid yn iaith Hen Norwyeg. Ystyrir y duwiau yno'n noddwyr ac amddiffynwyr morwyr ac anturwyr.

Yr hen enw am dduwiau a duwiesau'r môr yng ngwlad Groeg ydoedd Theoi Halioi neu Theoi Ein Alioi. Yn eu plith mae rhai môr-dduwiau a duwiesau sy'n amddiffyn bodau dynol tra ar fordeithiau. Gwlad Groeg sydd â'r nifer fwyaf o'i duwiau a duwiesau yn gysylltiedig â'r môr. Y mae'r elfen o drawsffurfio o fod yn byw'n y môr i fyw ar dir yn perthyn i nifer fawr o'r duwiau a duwiesau dan sylw.

ÆGIR
Norwy. Yn yr hen iaith Norwyeg ystyr *aegir* ydyw'r môr. Y mae'r cawr Aegir sy'n dduw'r eigion yn frenin ar yr holl greaduriaid sy'n byw dan y tonnau. Nid yw'n dduw poblogaidd iawn. Disgrifir ef, yn annelwig, fel un a berthyn i gyfnod cyn y cewri. Mab cawr o'r enw Fornjotr ydyw, a brawd Logi a Kari. Duwies y môr ydyw Ran ei wraig. Roedd iddynt naw o ferched i gyd, a'r cyfan ohonynt yn ferched y môr:

Bara/Drofn (ton); Blooughadda (yr un gwallt-goch cyffelyb i liw tonnau'r môr pan fo brwydr wedi digwydd); Bylgja (y don fawr, yr un sy'n dygyfor); Dufa (y don sy'n codi a tharo); Hefring (y don ag iddi ymchwydd); Himinglaeva (y don sy'n adlewyrchu goleuni a berthyn i'r awyr), Hronn (y don sy'n cipio); Kolga (y don sy'n oeri) ac Unnr neu Uor (ton).

Yn y gerdd *Lokasenna* disgrifir Aegir yn cynnal gwledd a gwahodd yr holl dduwiau yno. Bu iddo fragu cwrw mewn crochan enfawr a gafodd yn rhodd gan Thor.

Dywedir bod Aegir yn marchogaeth y tonnau, ac yn cael y bai am ddymchwel llongau a chipio morwyr.

Gelwir llanw'r gwanwyn yr afon Trent, Lloegr, yn Aegir ac enwir Gainsborough, sir Lincoln fel un o'r mannau y mae'r llanw hwn yn hynod beryglus. Yn y rhan hwn o'r byd golyga Aegir 'anghenfil y dyfroedd' ac os na aberthid iddo'n flynyddol byddai'n mynnu hawlio bywydau tri bod dynol.

AGLOOIK
Yr Inuit. Duw a drig odditan y rhew ac sy'n rhadlon a thra charedig. Y mae bob amser o gymorth i helwyr a physgotwyr.

AIGAIOS
Groeg. Duw ystormydd enbydus. Cefnogydd brwd o'r Titaniaid.

AIOLOS
Groeg. Brenin y Gwyntoedd. Ceidw hyrddwyntoedd ac ystormydd dan glo yng nghrombil Ynys Aiolia, sef dernyn o dir a geid yn arnofio ynghanol y môr. Ar orchymyn Aiolos rhyddheir gwyntoedd o ganol yr ynys.

AIPALOVIK
Yr Inuit. Cythraul o dduw sy'n brathu cychod.

ALKYONE a KEYX
Groeg. Cyn-Frenin a Brenhines Trachis ydyw'r ddau yma ond fe'u trawsnewidwyd yn adar ac yn rhan o deulu glas y dorlan. Hwy oedd yn gyfrifol am gadw'r môr yn dawel a gofalu ei bod yn amser da i godi angor a hwylio.

AMPHITRITE
Groeg. Duwies-fôr. Gwraig Poseidon. Hi'n anad neb arall oedd yn gyfrifol am ffrwythloni'r môr a gofalu bod yno ddigonedd o ran pysgod a chreaduriaid eraill.

APHRODITE
Groeg. Duwies cariad a harddwch. Man ei geni ydoedd y môr, ynghanol gwynder un o'r tonnau, a hynny ar achlysur taflu yno geilliau Oranous, ar ôl ei ysbaddu.
Gw. hefyd Aphros a Bythos.

APHROS
Groeg. 'Ewyn y môr'.
Gw. Bythos isod.

ARGYRA
Groeg. Nymff-forol. Ystyr ei henw ydyw 'yr un arian'. Roedd hi'n caru Selemnus, brodor o Achaean, a drawsffurfiwyd yn afon.

ASERA
Palestina a Syria. Duwies Semitaidd-Orllewinol a addolid. 'Yr un sy'n cerdded y môr'. Fe'i cysylltir hefo'r duw Baal. Fo mae'n bur debygol ydoedd ei chymar. Enwau eraill arni ydoedd Elath a Baalat. Dywaid H. H. Roberts, sy'n cyfieithu o waith W. B. Stevenson, bod yna:

> . . . ddau ddefnydd i'r gair Asera yn yr Hen Destament: ei fod yn enw duwies, a hefyd yn air a arferid am . . . bost, neu drostan pren a blennid gerllaw allorau a themlau, yn arwyddlun o bresenoldeb y duw, fel eilun neu ddelw gysegredig . . . Mewn llythyr cyn-ffurf, a gafwyd gan Sellin yn Tel Taanach, sy'n perthyn i'r cyfnod Cananeaidd, enwir y dduwies (asirat) fel un y dylid ymofyn am ei harweiniad mewn anturiaeth, ac addolid hi hefyd mewn amseroedd bore yn Ne Arabia (athirat).

ATUTUAHI
Polynesia. Enw arall ar y seren Ddeheuol (Canopus, Alpha Carinae) ac sydd o gymorth i'r brodorion tra ar fordeithiau.

AUKANECK
Yr Inuit. Duw'r môr a'i symudiadau sydd yn bennaf gyfrifol am greu'r tonnau.

AURORA
Gw. Eos.

AWABI

Siapan. Heblaw ei fod yn gwarchod cregyn ag ynddynt emau drudfawr, duw'r môr ydyw hwn sy'n trigo ger Nanao. Un tra sgut am fwyta morwyr a foddodd yn yr eigion.

BENTEN

Siapan. Duwies-fôr. Enw arall arni ydyw Saraswati. Noddwraig dysg, yn enwedig huodledd ieithyddol, a cherddoriaeth. Bydd yn marchogaeth draig. Yr hyn sy'n rhyfeddol amdani ydyw bod ganddi wyth braich i gyd. Daeth i'r byd er mwyn rhoi diwedd ar ddraig faleisus a oedd yn bwyta plant ac ar ei dyfodiad i'r ddaear daeth i'r golwg ynys Enoshima, sydd ar arfordir Siapan. Cynorthwyodd yr ynys hon Benten drwy roddi iddi gadarnle i'w thraed.

BENTHESIKYME

Groeg. Nymff-forol. Merch Poseidon. Ystyr ei henw ydyw 'y don ddofn'. Gwraig Enalos, dyn y môr a Brenin o Ethiopia, ydoedd hi.

BRIAREOS

Groeg. Duw yr ystormydd geirwon. Un o gewri'r Hecatoncheires ac iddo dri chan llaw a hanner cant o bennau.

BYTHOS

Groeg. Fel ei efaill Aphros roedd hwn yn byw'n y môr; un o'r *Ikthyokenatauroriaid*, creadur ag iddo gynffon pysgodyn. Ystyr ei enw ydyw 'dyfnderoedd'. Ar ei enedigaeth bu'n gyfrifol am gludo i'r lan mewn cragen gocos y baban a elwid Aphrodite.

Gw. hefyd Aphrodite.

CADMUS

Yn ŵyr i Poseidon o ochr ei dad a Nilius (yr afon Nîl) o ochr ei fam.

CALYPSO

Groeg. Ym mytholeg y wlad honno ceir cyfeiriadau ati fel merch Titan Atlas, (Nerus/ Oceanus). Nymff a ddaliai gyswllt agos hefo ynys yr hud sef Ogygia. Bu'n cyfeillachu hefo Odysseus am saith mlynedd. Dywedir iddi eni mab o'r enw Auson a gefeilliaid sef Nausithous a Nausinous.

DELPHIN
Groeg. Arweinydd y dolffiniaid a gynorthwyodd Poseidon yn y garwriaeth rhwng y duw hwnnw ag Amphitrite. Fe'i anrhydeddwyd drwodd a thro a'i osod fel seren o bwys yn y ffurfafen.

DORIS
Groeg. Un o'r *Oceanides*. Gwraig Nereus. Hi oedd yn gyfrifol am gymysgu dyfroedd nentydd ac afonydd hefo dyfroedd y môr.

EIDOTHEA
Groeg. Nymff-forol a feddai ar y ddawn i broffwydo. Merch Proteus ydoedd hi.

ELECTRA
Groeg. Un o'r *Oceanides*. Gwraig duw'r weilgi sef Thaumas. Hi ydoedd mam Iris (yr Enfys) a Harpyiae (chwythiadau yr ystormydd).

EROTES
Groeg. Duwiau asgellog cariad a gysylltid fel Aphrodite hefo is-dduwiesau'r môr ac a bortreadir mewn golygfeydd a gynhwysir mewn mosaig Rhufeinig.

EOS/AURORA
Rhufeinig-Roegaidd. Bu i'r bardd Groegaidd Hesiod honni ei bod hi'n ferch i Titan Hyperion a'i wraig, a oedd yn chwaer i Helios duw'r haul. Bu'n cyfathrachu hefo Titan Astraeus a hi ydoedd mam y gwyntoedd Boreas, Notus, Zephyrus a hefyd Hesperus (seren y nos). Yn aml fe'i portreadir fel cariad yr helwyr Cephalus ac Orion. Bu i arlunwyr ei ddarlunio'n codi o'r eigion mewn cerbyd hefo ceffylau ag iddynt adenydd.

EURYBIA
Groeg. Duwies-forol a'r nerth ganddi i reoli'r gwyntoedd a'r sêr.

FREYJA

Gwledydd Llychlyn. Duwies a adwaenir wrth y teitl 'Yr Arglwyddes'. Merch y duw môr Njord a chwaer Freyr. Roedd moch yn gysegredig yn ei golwg. Byddai'n marchogaeth baedd euraidd. Fe'i ceid hefyd hefo cerbyd a dynnid gan gathod. Teithiai hon led-led y byd yn chwilio am ei chymar colledig. Byddai byth a beunydd yn wylo dagrau euraidd.

FREYR/FREY

Gwledydd Llychlyn. Duw a mab Njord. Priododd gawres o'r enw Gymir. Roedd y baedd fel anifail yn gysegredig iddo yntau'n ogystal. Tra-arglwyddiaethai ar heddwch, ffrwythlondeb, y glaw a'r heulwen, tra roedd ei chwaer Freyja yn dduwies cariad, ffrwythlondeb, brwydrau, a marwolaeth.

FUE

Ynys Samoa. Mab y duw Tagaloa.

FUNAPAMA

Siapan. Duwies-forol a amddiffynnai forwyr a physgotwyr.

GALATEIA

Groeg. Un o'r hanner cant o Nereidiau sy'n ymgartrefu ar arfordir gwlad Groeg. Hi oedd yn arglwyddiaethu ar donnau gwynion y môr.

GRAIAI

Groeg. Y rhain ydoedd y daemoniaid morol â gwalltiau brith, ac a oeddynt yn rhannu un dant a llygad. Dan eu rheolaeth roedd ewyn y môr.

HALIA

Groeg. Nymff-forol. Mam Daemoniaid Rhodes a dreisiwyd gan ei meibion. Yn ei chywilydd neidiodd i ganol yr eigion.

HALIAI

Groeg. Nymffiaid ac yn eu plith merched Poseidon a duwiau morol eraill gan gynnwys y Nereidiau.

HANTU AIR
Malaysia. Duw'r môr.

HARPYIAI
Groeg. Meddent ar adenydd. Merched y duw-môr Thaumas ac yr oeddynt yn rheoli gwyntoedd ystormus, tro-wyntoedd, a'r ffrydiau-ddyfroedd a gyfyd o'r eigion.

HECATAE
Groeg. 'Yr un sy'n gweithredu ei hewyllys'. Merch Titan Perse. Ei mam ydoedd Asteria. Meddai ar alluoedd i reoli'r ddaear, y ffurfafen a'r moroedd. Duwies swyn a hud ydoedd hi.

HELLE
Groeg. Hanner duwies a nymff a'i thrigfan ym Môr Hellespont. Poseidon ydoedd y duw a'i hachubodd ac a fu'n gyfrifol am ei throi'n dduwies.

HIPPOKAMPOI
Groeg. Dyma'r meirch ag iddynt gynffonnau-pysgod sy'n tynnu cerbyd o eiddo Poseidion.

IKHTHYOKENTAUROI
Groeg. Gefeilliaid a fu'n gyfrifol am gludo Aphrodite o'r môr mewn cragen gocos. Duwiau'r môr ydynt. Y mae rhan uchaf eu cyrff yn union fel rhai bodau dynol ond y maent o'u gweisg i lawr ar ffurf rhannau isaf ceffylau sy'n terfynu mewn cynffonnau ceffylau. Y mae eu haeliau wedi eu harddurno hefo cyrn sy'n debyg rhyfeddol i grafangau cimychod. Eu henwau ydyw Bythos, (dyfnder y môr), ac Aphros, (ewyn y môr).

INO
Gw. Leukothea.

ISORA
Siapan. Duw y traethau a'r glannau.

29

KABEIRO
Groeg. Nymff-forol ar arfordir ynys Lennos. Duwies y Dirgelion Oll
a berthyn i'r Samothraca a mam Hephaestus o'r Caibri.

KALA
Ynysoedd Mali a Jafa. Duw'r cefnfor.

KALLISTE
Groeg. Nymff-forol a drigai'n y dyfroedd ger Ynys Calliste.

KAPHEIRA
Groeg. Nymff-forol a wasanaethai Poseidon.

KELEA
Hawai. Chwaer brydferth y brenin Kawaoi a wrthododd briodi gan
fod yn ganmil gwell ganddi ddefnyddio ei *onini* (bwrdd syrffio), i
esgyn a disgyn ymhlith tonnau'r môr.

KETO
Groeg. Duwies-forol. Yn ei gofal roedd yr holl beryglon a berthyn i'r
eigion. Golyga ei henw 'morfil' ac hefyd 'anghenfil y môr'.

KUKU LALA
Polynesia. Hen gnawes o dduwies a'r enw arall arni ydyw Fata
Morgana. Un sy'n twyllo morwyr a mordeithwyr drwy ddangos
iddynt ar y gorwel wledydd nad ydynt yn bodoli.

KYMOPOLEIA
Groeg. Dyma'r nymff a welir mewn ystormydd pan fo tonnau'r môr
ar eu huchaf. Gwraig cawr-yr-ystormydd o fôr yr Aegean sef Briarcus
ydyw hon.

LAUFAKANNA
Ynysoedd Tonga. Duw'r holl wyntoedd y bu i'r duw Tampo ei anfon
i'r ddaear a hynny er mwyn iddo reoli pob awel groes. Byddai
llongwyr yr Ynysoedd yn gweddïo arno i gymryd trugaredd arnynt

a'u bendithio hefo gwyntoedd tawel. Arferent offrymu mymryn o fara ac olew cnau coco i'r duw dan sylw gan dybio y byddai hynny'n lleddfu rhyw gymaint ar ei dymer.

LETO
Groeg a'r Eidal. Duwies ffrwythloni. Yr enw Lladin arni ydyw Latona. Merch Coeus a Phoebu, a mam y duw Apolo a'r dduwies Artemis. Bu i Zeus ei beichiogi, ac wedi dianc oddi wrtho ceisiodd hithau gael rhywfaint o gysur ar ddiffeithwch ynys Delos. Craig ydoedd yr ynys bryd hynny, a dyna ble roedd hi'n gyfangwbl ar drugaredd tonnau'r môr, Y diwedd fu i'r dernyn tir gael ei angori a dyna pryd y ganed Apolo ac Artemis.

LEUKOTHEA
Groeg. Merch Cadnus; Ino ydyw enw arall arni. 'Duwies wen' (yr ewyn), sy'n trigo yn nyfroedd Môr Ionian. Ceir ei hanes yn *Odyssey* Homer. Bu iddi achub Odysseus rhag boddi. Oherwydd iddi gael ei bygwth gan y dduwies Hera bu i Ino wallgofi, cyn neidio hefo ei mab Melicertes i ganol y dyfnfor ble y cawsant eu troi'n rhannau o'r duwdod. Newidwyd ei henw Ino yn Leucothea, a Melikertes yn Palaemon. Cludwyd corff Melikertes gan ddolffin i Benrhyn Cornith a'i adael yno yng nghysgodion brigau pinwydden. Ino/Leukothea sy'n amddiffyn pob pysgotwr.

LIGOPUP
Micronesia. Y Môr Tawel. Hon ydyw'r dduwies na chafodd ei geni o gwbl! Ond bu iddi greu'r byd cyn gorwedd ar ei chefn ar wely'r môr a phan y bydd hi'n ystwyrian bydd daeargrynfeydd yn digwydd. Fodd bynnag, nid hi sy'n teyrnasu yn nyfnderoedd yr eigion ond ei mab. Fo hefyd yn gyfleus iawn sy'n gofalu am yr Is-fyd.

MATUKU
Seland Newydd. Ymhlith y Maori hanner-duw ydyw hwn a faged gan un o'i hynafiaid morwrol. Fe'i dysgwyd i gerdded ar hyd gwaelod y môr a phob tro y bydd gelynion ar ei warthaf diflanna odditan y tonnau.

MAUI
Seland Newydd. Hahau-Whenua ydoedd un o'r hen enwau ymhlith
Maori Seland Newydd am yr ynysoedd roeddynt yn byw arnynt. Bu
i Maui godi'r ynysoedd o waelod y môr. Y ddaear bryd hynny ydoedd
merch duw'r môr.
Gw. Omitsunu.

MELIKERTES
Gw. Leukothea / Ino.

NA KIKA
Kirabiti. Y brenin-octopws a'i lu coesau a oedd yn dra defnyddiol
wrth iddo daflu tomennydd o bridd o waelodion yr eigion er mwyn
ffurfio ynysoedd.

NARAYANA
Thai. Mewn llawysgrif a elwir *Narayana Sippang* duw ydyw
Narayana. Trig mewn cefnfor llawn llaeth/llefrith ac ymddengys ar y
ddaear mewn gwahanol ffurfiau ddeg o weithiau, hynny ydyw, o'i
ymgnawdoli.

NDAUTHINA
Ynysoedd Ffiji. Hwn ydyw duw yr holl bysgotwyr a'r mordeithwyr. Ei
briod waith ydyw cludo ffagl oleuedig ar gyfer trigolion yr ynys wrth
iddynt bysgota liw nos, a dyna ydyw ystyr ei enw. Y mae'n dduw
hefyd sydd yn teithio yma a thraw tra'n ceisio denu merched ato!

NEIFION
Yr Eidal. Yn ei cherdd *Ar Fôr Tymhestlog,* a gyfansoddwyd ar
fordaith o Jersey i St Malo, y mae Annie E. Hughes, Amlwch, yn
cyfeirio at yr wylan fel 'Brenhines . . . uwch Neifion'.
   Cynhelir Gŵyl *Neifion* ar Orffennaf 23ain, ac ym mytholeg
Rhufain ef ydoedd duw'r môr. Mab y duw Sadwrn ydoedd, ac yn
frawd i Iau a Plwto, duw y meirwon. Cyn i Neifion gael ei ddyrchafu'n
dduw'r môr, teyrnasai yn nyfroedd nentydd a ffynhonnau.
   Byddai môr-deithwyr a groesai linell y cyhydedd am y tro cyntaf

yn cael eu bedyddio, gydag un o griw'r llong yn gwisgo amdano fel Neifion ac eraill fel y Frenhines Amphritite a nymffiaid morol. Arferid trochi'r mordeithwyr mewn dyfroedd hallt a chyflwyno iddynt dystysgrifau a fyddai'n profi iddynt groesi'r cyhydedd!

NEREIDIAU
Groeg. Unrhyw rai o ferched duw'r môr Nereus. Golygai hynny bod rhwng hanner cant i gant ohonynt i gyd! Mam y Nereidiau ydoedd Doris, merch Oceanus a duwies yr holl ddyfroedd a amgylchynnai'r ddaear. Byddai merched ieuainc Nereid wastad yn hynaws wrth fodau dynol. Nid yn unig roeddynt yn trigo'n y môr ond hefyd mewn dyfroedd croyw. Yr enwocaf ohonynt i gyd ydyw Amphitrite a hi'n anad neb arall ydoedd hoff gymar y duw môr Poseidon.

Y mae'r Nereidiau bob amser yn amddiffyn morwyr ac yn gofalu bod digonedd o bysgod ar gael.

Gw. hefyd Doris.

NEREUS
Groeg. Fe'i galwyd gan Homer yn 'hen ddyn y môr'. Nid oedd ei gyffelyb ran doethineb a'i allu i broffwydo, hyd yn oed pan fynnai newid ffurf ei gorff. Nereus ydoedd mab Pontus a bersonolwyd fel y môr, a Gaea, duwies y ddaear. Cartrefai Nereus yn nyfnder yr eigion o gwmpas yr Aegean gan gadw cwmni i ferched Doris sef y Nereidiau. Disgybl Nereus ydoedd y dduwies Aphrodite.

NEVI YANAN
Indonesia. Duw môr.

NJORD
Gwledydd Llychlyn. Gelwir ef hefyd yn Njoror: duw'r môr a'r gwyntoedd yn ei ofal. Njord ydoedd yr un a feddai ar gyfoeth teyrnasoedd tanfor. Hoffai fordeithio a hela. Oherwydd llosgach cyd-rhwng Njord a'i chwaer ganed Freyr a Freyja. Fo sy'n amddiffyn morwyr a physgotwyr a sy'n gyfrifol am roddi iddynt ddigonedd o fwyd o'r môr. Y mae hefyd yn meddu ar alluoedd i reoli'r gwyntoedd ac ystormydd.

NYAI LARA KIDUL
Jafa. Duwies-fôr go arbennig yng ngolwg pysgotwyr arfordir deheuol canolbarth Jafa. Fe'i hadwaenir yn ogystal wrth yr enwau canlynol: Nyai Gede Segoro Kidul, Nyai Loro Kidul, Nyai Belorong, Ratu Lara Kidul, a Ratu Loro. Hi hefyd ydyw Ratu Laut Selatan a olyga 'yr Wyryf' a 'phrif-Frenhines y Cefnfor Deheuol'. Palas ysblennydd ar waelod y mor yw ei chartref. Fe'i gwasanaethir gan niferoedd o ysbrydion sy'n byw mewn ogofeydd ar yr arfordir. Ni fydd pysgotwyr yn eu cychod a'u llongau ar arfordir deheuol Jafa yn mentro'n agos atynt oni bai ei bod yn rheidrwydd arnynt. Cyn mynd at yr ysbrydion dylid aberthu a mynd ati i ymprydio a gweddïo. Yn ystod seremonïau o'r fath bydd rhai o frodorion Jafa'n taenu sachlieiniau am eu cyrff ac yn gwisgo sandalau gwellt arbennig. Ni wisgent unrhywbeth am eu pennau. Gwneir hyn er mwyn gofyn i'r dduwies beidio â chreu ystormydd tra y maent yn pysgota'n y môr.

OKEANUS
Groeg. Duw Titanaidd y byd wedi ei amgylchynnu gan groywder yr afon Oceanus. Fe'i ystyriwyd yn ddiweddarach yn dduw'r môr.

OIOLYKA
Groeg. Nymff forol a merch duw ystormydd y môr sef Cymopoleia a'r gallu ganddi i reoli ymchwyddiadau ystormydd a gor-lifiadau. Ystyr ei henw ydyw 'y fleiddast unig'.

OMITSUNU
Siapan. Perthynas i Susanowo, un o dduwiau yr ystormydd, a champ hwn ydoedd tynnu gerfydd rhaff yr ynysoedd o'r dyfnfor a'u creu'n rhan o'i deyrnas. Dyna a wnaeth Maui yn ogystal sef duw arall ym Mholynesia.
     Gw. hefyd Maui.

OSANOBUA
Affrica. De-Orllewin Nigeria. Yn nechreuad y byd ni cheid ond y môr ac ynddo tyfai coeden – yr *Ikhimwin*. Ym mrigau'r goeden trigai aderyn yr *Owonwon*. Hwn ydoedd aderyn y Creu. Tra'n creu'r byd

bu i'r duw Osanobua ddefnyddio ei dri plentyn sef Obiemven, Oguiwu ac Olokun. Fel roeddynt yn ymadael am y ddaear bu iddo gynghori ei blant i gludo hefo nhw gragen malwen. Bu iddynt deithio'r môr hyd nes y bu i ferch hynaf y duw, Obiemven, ddal cragen y falwen ar ei phen i lawr. Llifodd tywod yn ddi-ddiwedd o'r gragen – cymaint felly fel ag i droi'r môr yn dir!

O-WATA-TSU-MI
Siapan. Duw a oedd yn gyfrifol am wasanaethu pysgotwyr hefo digonedd o bysgod a gwahanol fwydydd o'r môr.

PALAIMON
Groeg. Duw'r môr sy'n gwarchod morwyr a physgotwyr. Fe'i portreadir fel bachgen sy'n eistedd ar gefn dolffin.
    Gw. hefyd Melikertes.

PALLAS
Groeg. Nymff forol ac un sy'n ryfelwr. Cyfaill a chydymaith Athena.

PERE
Polynesia. Pere ydyw duwies holl ddyfroedd y cefnfor sydd oddeutu'r ynysoedd. Gan fod bryd Pere ar deithio rhoddodd ei mam, Tahinariki, iddi anrheg ar ffurf yr holl gefnfor mewn llestr. Roedd hyn cyn bodolaeth y môr. Yr hyn a wnaeth Pere er mwyn hwylustod tra'n hwylio ydoedd gollwng yma ac acw beth o gynnwys y llestr, a chreu'r dyfroedd!

PHORKYS
Groeg. Hen dduw'r eigion. Ystyr ei enw ydyw 'morlo'.

PONTOS
Groeg. Hen dduw y môr.

POSEIDON
Groeg. Mab Titan; prif dduw ac arglwydd y môr a brawd Zeus ac Hades; gŵr Amffitrit a'u mab ydoedd Triton. Cafodd Poseidon

amryw o gariadon o blith nymffiau a drigai mewn nentydd a ffynhonnau, ac oherwydd ei aml-garwriaethau roedd yn dad i nifer helaeth o blant. Trigai mewn palas euraidd ar wely'r moroedd. Ef fu'n gyfrifol am ddanfon anghenfil o'r môr i anrheithio tiroedd gwlad Groeg. Yn narluniu'r hen Roegiaid fe'i portreadir hefo tryfer yn ei law a dolffin yn cadw cwmni iddo ble bynnag y teithiai. Fe'i gelwid hefyd yn Siglydd/Ysgwytydd yr Holl Ddaear.

PROTEUS
Groeg. Fe'i gelwir gan Homer yn *Hen Ddyn y Môr*. Hwn ydoedd mab Poseidon a cheir rhywfaint o'i hanes yn yr *Odyssey*. Fo a ofalai am forloi ei dad: cymrodd ffurf y prif darw o blith y creaduriaid rheiny iddo'i hun, a bu'n byw yn eu mysg. Yr hyn sy'n fwy diddorol fyth amdano, heblaw ei fod yn greadur y môr, ydyw y medrai ragweld ddigwyddiadau'r dyfodol.

Fel y *chameleon* gwyddom hefyd ei fod yn medru newid ei liwiau a hynny er mwyn amddiffyn ei hunan. Byddai'n ogystal, pan fo raid, yn newid ffurf ei gorff. Nid oedd yn atebol i'r un enaid byw arall. Byddai o'i ddal yn dyfod yn ostyngedig i'r sawl a'i daliai ond nid i'r un enaid byw arall! Y gamp fwyaf ydoedd ei ddal! Cartref Proteus ebe Homer ydoedd ynys dywodlyd Pharos yn nelta'r afon Nîl.

PSAMATHE
Groeg. Un o'r Nereidiau. Hi ydoedd nymff-dduwies y tywod.

RHODE
Groeg. Nymff-dduwies forol a merch Poseidon. Trigai ar Ynys Rhodes.

RINJIN
Siapan. Brenin-y-môr.

RONGO-MAI
Ym mytholeg Polynesia, duw a gymer arno ffurf morfil. Y mae hefyd yn dduw'r comedau.

SEDNA
Yr Inuit. Duwies ydyw hon sy'n rhan o dduwdod yr eigion. Yn bodoli ar ffurf morlo, walrws a chreaduriaid eraill y cefnfor. Yn byw o dan y rhew ac y mae ei chroen yn llathr wyn. Gan ei bod yn ymladd yn barhaol er mwyn amddiffyn ei theyrnas bydd, er mwyn dangos ei chryfder, yn codi a gostwng yn y tonnau ar hyd yr amser. Credir bod Sedna'n anferthol ei chorff. Un llygad sydd ganddi; rhoddodd y lygad arall yn rhodd i'w thad, sef y duw Augusta a deyrnasa uwchlaw'r moroedd. Erbyn hyn y mae hi'n hen ac yn hynod hagr ei golwg. Pan oedd hi'n ifanc a phrydferth taflodd ei thad hi fel aberth i ganol yr eigion. O'r holl dduwiau a duwiesau ym mytholeg, yr Inuit Sedna ydyw'r un i'w hofni, a'i pharchu ran hynny, yn enwedig pan ymddengys ar ffurf tonnau gwyllt y môr.

SUITENGU
Siapan. Y duw-blentyn a drig yn y cefnfor.

TANGAROA
Seland Newydd ac Ynys Tonga. Duw'r Cefnfor. Adwaenir ymhlith y Maori fel Kanaloa. Ei enw yn Hawaii ydyw Tangaloa, ac yn Nhonga, Tagaloa. Dyma fab y Dduwies-Ddaear Papa. Bu i honno chwyddo cymaint hyd nes un dydd arllwysodd yr holl ddyfroedd ohoni, gan ffurfio cefnfor! Y mae Tangaora mor anferthol fel mai ond ddwywaith y dydd y mae'n cymryd ei anadl. Canlyniad hyn ydyw'r ddau lanw dyddiol!

TETHYS
Groeg. Duwies-forol Titanaidd. Ystyrid hi gyffelyb i Thalassa, duwies forol arall.

THALASSA
Groeg. Duwies-forol, a chyda chymorth Pontus y mae'n creu pysgod yn y môr.

THAUMAS
Groeg. Hen dduw'r eigion; tad Iris, ('yr Enfys'), a Harpyiae.

THETIS
Groeg. Arweinydd y Nereidiau. Gofala am y grawn yn nyfroedd y môr fel bod bywyd yn ffynnu yno'n barhaol.

THOOSA
Groeg. Nymff-forol sy'n rheoli cerrynt a chrych-donnau'r eigion.

TIKOKURA
Polynesia. Ystyr ei enw ydyw 'ton yr ystorm'. Y mae'n dduw anferthol ac yn hawdd ei wylltio a hynny heb reswm nag achos.

TRITEIA
Groeg. Nymff-forol filiwraethol sy'n trigo ger arfodir yr Achaean. Cydymaith y duw Ares.

TRITON
Groeg. Mab a phrif-negesydd Poseidon ac yn un sydd wastad yn ennyn sylw preswylwyr y dyfnfor drwy ddefnyddio'i gragen-dro. Mab Amphritate. Hanner dyn a physgodyn. Trig, ebe'r bardd Groegaidd Hesiod, mewn palas euraidd a geir oddi tan donnau'r môr.

VARIMA-TE-TAKERE
Ynysoedd Cook. 'Y wraig o'r dechreuad cyntaf'. Duwies sy'n trigo mewn ŵy ar waelod y cefnfor. Yno ceir 'y wlad dawel'. Hi a roddodd enedigaeth i'r dyn cyntaf sef Vatea a ddaeth i'r golwg, ebe'r hen chwedl, o'i hochr chwith. Bu iddi eni plentyn arall o'i hochr dde. Dyma Papa, a olyga 'y ddaear'.

WATA-TSU-MI
Siapan. Duw'r môr. Cred ysgolheigion ieithyddol mai hen air yn yr iaith Siapaneg ydyw wata, a olyga'r cefnfor/môr/môr agored. Geiryn sy'n golygu 'rhan/yn perthyn iddo' ydyw *tsu*. Nid ydyw ysgolheigion yn hollol gytun ynghylch ystyr y gair ond credir mai arglwydd/duw neu hyd yn oed neidr ydyw, sydd mewn cytgord hefo coelion rhai o drigolion ynysoedd Siapan bod eu duwiau-môr naill ai'n ddreigiau neu'n nadredd.

Arwyr, Duwiau a Duwiesau'r dyfnfor
yn yr hen fyd Celtaidd

I'r hen fyd Celtaidd roedd dyfroedd y ddaear yn dra-cysegredig (gweler y Ddyfrdwy a'r holl ddefodau sy'n gysyllteidig ag offrymu i ffynhonnau a phyllau mewn afonydd). Perthyn i ddyfroedd o'r fath eu rhinweddau a'u nerthoedd, ac y maent yn aml yn leoedd ble ceid mynediad i'r arall-fyd sef Annwn. Byddai'r Celtiaid yn gadael eu hoffrymau yn y ffynhonnau fel rhan o ddefodau diolch.

Ond a fu y Celtiaid yn offrymu i'r môr? Cwestiwn anodd ei ateb. Ger Caergybi, ar draeth wrth odre creigiau serth, mae Ffynnon Llochwyd ac arferid cymryd llond cegiad o'i dyfroedd, llond dwylo o dywod, a cherdded wedyn i fyny i ben y graig heb lyncu'r un diferyn na cholli'r un graean. Y wobr am y fath gamp ydoedd priodi cyn pen mis! Rhaid oedd gosod y tywod, fel petae'n rhyw fath o aberth, ar allor Llochwyd.

Ceir nifer o gyfeiriadau at Gapel Llochwyd a'i adfeilion gerllaw y ffynnon. Dyma beth a ddywed Trebor Môn (diweddarwyd rhyw gymaint ar yr orgraff):

Ar Ŵyl Sant Cybi yr hon a ddechreua ar y Saboth diweddaf cyn Gorffennaf 25ain, ac a barhai am bythefnos, byddai yn arferiad gan ieuenctid ac eraill yn yr ardal, fyned bob un o'r tri Sul yr Ŵyl i Gapel Lochwyd, ac oddi yno tuag at y ffynnon a chymeryd cegiad o'r dwfr sanctaidd a llonaid llaw o'r graean cyn llwybro'r serthedd i'r capel yn ôl. Pwy bynnag un o'r ymgymerwyr a allai gario'r dwfr a'r greaean heb golli temigyn, [o'r gair *temig* sef dernyn bychan, gronyn], o'r naill i'r llall a'u rhoddi ar yr allor, a ystyrid trwy ras y weithred, i fyned i'r undeb priodasol cyn y llawn lloer.

FFYNNON FAIR, UWCHMYNYDD, PLWYF ABERDARON
Nid hawdd mynd ati ar ben llanw, ond pan fo'r llanw wedi encilio mae'n llawn dyfroedd croyw. Yr arferiad ydyw llenwi'ch ceg hefo hynny fedrwch ei gael o'r dŵr yn y ffynnon, cyn mynd ati gan bwyll i ddringo'r allt serth i fan diogel. Yno, ac yno'n unig, y cewch chwi ddymuno.

Ai hen ddefodau a berthyn i'r byd Celtaidd tybed oedd yr hyn a ddigwyddai gerllaw Ffynnon Llochlwyd, Caergybi a Ffynnon Fair, Aberdaron, ac i'w gwir bwrpas gael ei arall-gyfeirio i ddibenion crefyddol mwy parchus a gwareiddiedig mewn oesoedd a ddilynodd? Neu a welir yma briodas rhwng y môr a bodau dynol ar y tir mawr, a'r pwrpas gwreiddiol bellach wedi ei golli, a'r ffynhonnau gofuned yn gwasnaethu dibenion diniwed cariadon?

FFYNNON TRILLO, LLANDRILLO-YN-RHOS
Dinerth/Cantref Creuddyn yn ddiweddarach.
Ffynnon sydd dan yr allor yn yr eglwys fechan ar y traeth, a saif yn Llandrillo-yn-rhos. Adeiladwyd ar safle cyn-Gristnogol. Tybir bod yr adeilad a'r ffynnon yn perthyn i'r chweched ganrif O.C. Trillo ydoedd mab Ithel Hael o Lydaw. Ei frawd ydoedd Tygai, (Llandygái). Yn yr eigion heb fod ymhell o'r eglwys ceid, ar un amser, hen gored bysgota Rhos Fynach. Byddai'r mynachod yn arfer offrymu gweddïau yn yr eglwys er mwyn cael llwyddiant tra'n pysgota yn y môr.

ABERTHU
Er mwyn cadw ystormydd draw tra ar fordeithiau arferid ar y Tir Mawr aberthu er mwyn rhyngu bodd a rheoli gwylltineb y duwiau. Dyna a wneid yn Jafa drwy aberthu i'r dduwies fôr Nyai Gede Segoro Kidul/Ratu Loro. Cyn dechrau hwylio byddai pysgotwyr-môr Ynysoedd Aru yn y Môr Tawel yn arfer gollwng gong ynghanol cerrynt y môr. Byddai hynny'n ennyn ffafr duw'r eigion sef Taidue.

FFYNHONNAU LLANW A THRAI
Dyma rai o'r ffynhonnau a ystyrir yn rhyfeddol oherwydd bod lefel eu dyfroedd yn codi a gostwng ac yn cyfateb i'r hyn a ddigwydd i lanw'r môr ddwywaith yn ddyddiol. Y mae rhai ohonynt wedi diflannu bellach.
Asa – sir Fflint, plwyf Cwm. Ar ddiwedd yr eilfed ganrif ar bymtheg bu'r hynafiaethydd, yr awdur a'r teithiwr Edward Llwyd, ar ymweliad â'r ffynnon hon gan led-ddisgwyl gweld ei dyfroedd yn codi a gostwng. Bu yn syllu arni am naw awr heb ddim byd yn digwydd!

Carncwn – Trefdraeth, Penfro; wrth droed Carn Ingli.

Casgwent – Mynwy; dwy ffynnon, ger Stryd y Bont.

Leinw – Cilcain, sir Fflint. Dywedir ei bod yn nyffryn Nannerch (Nant erch), ger y Plas. Credid ei bod yn 'lleinw a threio' fel y môr.

Llanddyfeisant – Caerfyrddin.

Llygaid – Plwyf Dewi Sant, Penfro.

Castell Clegyr Boia ar yr ochr ddeheuol.

Maen y milgi – Llandrillo.

Non – Capel Non. Tyddewi, Penfro. Non ydoedd mam Dewi Sant. Y mae'r ffynnon hon hefyd yn un ofyned sef ffynnon prynu a gofyn am yr hyn a ddymuner.

Olden – Castell Newydd Bach.

Pencw – uwchlaw Gwdig Penfro.

Rhuddlan – 1823.

Sant Ioan/Sandford – Porthcawl.

Diddorol nodi fel y bu i'r hen gredoau esgor ar goelion sy'n priodoli nerthoedd goruwchnaturiol i rai ffynnonau a'r rheiny'n eu tro'n dal cyswllt hefo'r môr hyd yn oed mewn mannau yng nghefn gwlad.

FFYNNON CORANN, YR IWERDDON

I'r gorllewin o Ballysadare yn sir Sligo ceir ffynnon hynafol ar lethr dwyreiniol mynydd yr Ychen, heb fod ymhell o gopa craig Tullaghan, sydd rhyw filltir i'r gogledd-ddwyrain o bentref Coolaney. Y mae hon yn ffynnon llanw a thrai. Dywedir i Sant Padrig ei chreu er mwyn ymlid cythreuliaid yn enwedig Kerhanagh ('y poerwr tanau'), a oedd yn byw ar gopa Croagh Padrig. Bu i hwnnw, yn hytrach nag anelu am y môr fel gweddill o'r cythreuliaid, lwyddo i'w heglu hi'r ffordd arall ond roedd Padrig ar ei warthaf. Fel y rhuthrai Kerhanagh o olwg y sant bu iddo hefo ei anadl tanllyd wenwyno'r holl ffynhonnau. Pan gyrhaeddodd Padrig fryn Tullaghan roedd yn tagu eisiau diod. Byddai cael diferyn i'w yfed yn ei atgyfnerthu. Daeth o hyd i graig ble llifai dyfroedd melys ohoni. Wedi torri ei syched bu i'r sant ymlid Kerhanagh a'i ddal, ac fe orfodwyd y cnaf i adael yr Iwerddon. Am ganrifoedd wedi hynny bu'r ffynnon yn atynfa i bererinion a gyrchai yno er mwyn talu teyrnged i Sant Padrig, nawddsant eu gwlad.

FFYNNON GIGGLESWICK, SIR EFROG, LLOEGR

Un o ffynonnau llanw a thrai enwocaf Lloegr. Daeth y ffynnon hon i fodolaeth wrth i greadur a oedd yn hanner dyn a hanner gafr; duw hynod ddau-wynebog, hefo clustiau, cyrn, a choesau sy'n debyg i'r duw Fauna/Faunus ym mytholeg y Rhufeiniaid; ddechrau ymlid nymff ddiniwed er mwyn cymryd mantais rhywiol ohoni. Yn aml roedd creaduriaid o'r fath yn hoff o firi meddwol ac yn chwenychu profiadau cnawdol pleserus. Ond fe weddïodd y nymff yng Ngigglesworth ar i'r duwiau ei throi'n ffynnon. Dyna a wnaed, a'i hanadliadau ydyw'r codi a gostwng a welir yn nyfroedd y ffynnon sydd i'w gweld heddiw'n Buck Haw Brow, Giggleswick, yng ngogledd Sir Efrog.

Ar adegau bydd dyfroedd y ffynnon, a ystyrid yn un sanctaidd, yn gorlifo hyd nes gorchuddio'r ffordd sydd wrth ei hymyl.

Byddai hi hefyd, ar un cyfnod hanesyddol, yn codi a gostwng fel llanw'r eigion weithiau bob rhyw bum munud ond ar adegau rhaid oedd aros rhai oriau cyn i hynny ddigwydd. Bu i rai o'r ardalwyr fynd ati i gloddio'r ffynnon rai blynyddoedd yn ôl er mwyn ceisio darganfod paham roedd ei dyfroedd yn codi a gostwng ond ni chanfyddwyd dim byd o werth yng nghanol yr holl wlybaniaeth!

Yn y bedwaredd ganrif ar bymtheg roedd falf-garreg yn y sianel a gludai'r dyfroedd oddi tan y ddaear i'r ffynnon. Byddai'r falf-garreg yn agor a chau er mwyn gollwng neu ddal wrth gefn y ffrydoedd. Credid bod pwysau'r dyfroedd ar y garreg-falf yn peri iddi droi ond erbyn yr unfed ganrif ar hugain bu i'r ffynnon roddi'r gorau i godi a gostwng a phriodolir hynny i'r ffaith bod bodau dynol wedi amharu arni tra'n cloddio, a symud y falf-garreg o'i safle gwreiddiol!

Rhai o'r Arwyr a'r Duwiau Celtaidd sydd yn dal cyswllt hefo'r Eigion

CREIDDYLAD
Merch Llŷr. Duwies cariad a blodau'r haf yn y meysydd.

DÔN/DANU/DANWY/DONWY
Duwies goleuni a ffrwythlondeb. Arweinydd a ryfelai'n dra mynych. Ei gelyn mwyaf ydoedd Llŷr. Rhai o'i phlant ydoedd Amaethon, Gwydion (dewin, bardd, rhyfelwr), Gofannon ac Arianrhod. Oherwydd llosgach hefo ei brawd bu i Arianrhod feichiogi a'i phlant ydoedd Dylan, duw'r môr, a Lleu Llaw Gyffes.

DYLAN

Anian y môr a gefaist
Dylan eil Ton . . .

Cynhwysir rhywfaint o'i hanes arwrol ym *Mhedwaredd Gainc y Mabinogi*.

Y mae Hywel ab Owain Gwynedd c.1120 ymlaen yn fardd a milwr abl ac yn un o'i gerddi cynhwysir y linell ganlynol, *I edryd vy llywy lliw ton Dylan*. Y mae Marged Haycock yn trafod Dylan eil don yn *Ysgrifau Beirniadol 13* (1985) ond cyn hynny bu i'r Athro John Lloyd-Jones fynegi'r farn mai 'glann yw ail elfen yr enw cyffredin dyla(n) eigion, cefnfor, môr'. Y mae Marged Haycock o'r farn mai glan (y môr), traeth, neu ymyl oedd ystyr wreiddiol y gair Dylan a bod yr ystyr wedi ei ehangu i olygu, 'môr' neu 'donnau yn torri ar y traeth', 'ar y lan' ac yna 'môr, a thonnau'.

Bu cryn ddyfalu beth mewn gwirionedd ydyw Dylan a phriodolir iddo natur môr-ddyn a dywedir ei fod yn ymdebygu ran natur i'r holl draddodiadau a geir yn y gwledydd Celtaidd ynghylch perthynas bodau dynion hefo morloi.

Y gwir amdani yw nad oes rhaid chwilio am arall-ystyron yn achos Dylan. Yr hyn a ddywedir gan groniclydd *Y Mabinogi* ydyw ei fod yn ail/cyffelyb i don y môr a chystal (nid yn troi'n un; ni ddywedir hynny!) ag unrhyw bysgodyn tra'n nofio yn yr eigion! Yr hyn a wna'r croniclydd ydyw creu chwedl enwol hefo hanesyn sut y cafodd Dylan ei enw. Hefo'r nerthoedd a briodolid iddo fe ellid meddwl mai duw ydoedd ond ni ellir mentro mor bell â hynny. Yn sicr roedd yn nofiwr penigamp!

IWERYDD
Un o wragedd Llŷr.

LLŶR
Yn y Mabinogi duw'r môr ydoedd Llŷr ac ef ydoedd tad Bran, Branwen, Manawydan, Pwyll a Rhiannon. Mewn mytholeg Gwyddelig Llŷr ydyw Lir/Ler, sef y môr. Dywedir mai ef ydoedd tad Manannán mac Lir.

MANANNAN/MANANDAN MAC LIR
Yn yr Iwerddon duw'r môr ydoedd Manannán mac Lir ac yn wir ei bennaf gamp ydoedd marchogaeth y tonnau ar gefn ei geffyl gwyn neu'n ei gerbyd, (cf. Neifion) Ystyr *lir* ydyw'r 'un sy'n byw'n y môr/ mab y môr', hynny ydyw, 'yr un sy'n llywodraethu'r môr'. Fe'i cynrychiolir gan donnau'r môr sy'n enfawr. Fe allai Manannan Mac Lir deithio dan y tonnau ond byddai ar y ddegfed ton yn dyfod i wyneb y dyfroedd – hyn i gyd heb wlychu ei fynwes!

MUILERTEACH/MUILERATACH/MUIREARTACH/GWRACH Y MÔR/HEN WRAIG Y MÔR/CAILLEACH UISGE
Yr Alban. Duwies-forol. Ar adegau mi fydd hi'n dawel braf ei byd ac yna try'n greulon. Fe'i hofnid gan bysgotwyr a llongwyr. Hyd yn oed heddiw yr arferiad gan rai cychod a llongau pysgota ydyw dychwelyd yr helfa gyntaf o bysgod a ddelir i'r eigion. Gwneir hynny er mwyn rhyngu bodd hen wraig y môr a chadw'r heddwch rhyngddynt. Credid hefyd na ddylid cynorthwyo dynion sy'n boddi'n yr eigion oni bai bod y dduwies Muilerteach yn penderfynu hawlio einioes bodau dynol eraill.

MANAWYDAN

Cysylltir ei enw'n aml hefo Manannan Mac Lir uchod ond bu cryn gymysgu rhwng y ddau arwr. Dywedir mai fo a fu'n gyfrifol am amgylchynu Iwerddon â'r môr. Rhoddodd hefyd ei enw i Ynys Manaw a fo ydoedd arweinydd cyntaf yr ynys honno. Tybir mai dewin ydoedd Manawydan a allai fynd ati i greu llynges gweledol o hesg a phlisgyn pys bob tro y bygythid Ynys Manaw gan ei gelyn-ddynion. Priodolir iddo'r ddawn i ddarogan y tywydd a chreu ystormydd.

Hyd heddiw yn seremoni agoriadol Senedd Ynys Manaw (y Tynwald) a ddigwydd bob haf bydd y trigolion yn offrymu i Manannán ysgubau rhwymedig o frwyn, gweiriau'r dolydd a blodau melynion. Dyma'r ddefod a adwaenir fel 'talu'r rhent' a gyflenwir yn flynyddol er mwyn cynorthwyo ac amddiffyn diwydiant pysgota'r ynys.

PENARDUN

Merch Don a gwraig Llŷr.

Byd yr adar

ADERYN Y DRYCIN

Enw arall arno ydyw pedryn sef cyfuniad o'r enw *Pedr* + *yn*. Tra'n hela ar y môr mawr y mae'r aderyn bob amser yn hofran yn isel uwchben y tonnau hyd nes peri i longwyr feddwl ei fod o'n eu cerdded! Ceir yma gyswllt crefyddol. Yn y Testament Newydd dywedir i Pedr, pysgotwr a disgybl i'r Arglwydd Iesu Grist, geisio cerdded ar Fôr Galilea ond iddo yng ngrym y gwynt ddechrau suddo. Fodd bynnag bu i'r Iesu ei achub.

YR ALBATROS

Ym mis Medi 2008 bu i'r cyfaill Ray Rowlands, Trysorydd Anrhydeddus Amgueddfa Arforol Caergybi, holi cyn-forwyr a chael ganddynt nifer o goelion perthynol i'r môr; yn eu plith 'Peidiwch â lladd albatros'. Cyfaill a chydymaith morwyr ar fordeithiau – dyna sut y meddylir am yr aderyn hwn. Dilynai longau. Ystyrid ei weld fel arwydd o obaith. Ceid anlwc os meiddid ei anafu neu ei ladd. Dywedir i fonheddwr a deithiai ar fwrdd y llong *Royal Charter*, a hynny ar ei mordaith olaf o Awstralia i borthladd Lerpwl, rhywle yn y Moroedd Deheuol, saethu albatros. Yn ei dyb ef roedd yr aderyn yn un peryglus! Yn ystod mis Hydref y flwyddyn 1859 aeth y *Royal Charter* i drafferthion ger Moelfre, Ynys Môn, a chollwyd nifer fawr o'r criw a'r teithwyr. Ai cyd-ddigwyddiad ydoedd hyn? Ai stori-wneud wedi'r drasiedi ydoedd hanes diwedd yr albatros a saethwyd hefo dryll? Ni ellir ond dyfalu! Credir mai anffawd a ddigwyddodd oherwydd corwynt, ac hefyd yr awydd cryf i gyrraedd porthladd Lerpwl yn hytrach na chwilio am hafan ddiogel hyd nes ei bod hi'n llawer rhy hwyr, oedd yn gyfrifol am drychineb colli'r *Royal Charter* ac nid yr albatros.

Nid aderyn lwcus bob amser mo'r albatros oherwydd credir na cheir ond aflwydd i'ch dilyn o'i weld yn hedfan o gwmpas llong ar ganol y cefnfor. Deuai gwynt cryf neu hyd yn oed ddrycin ar eich gwarthaf o'i weld tra ar fordaith. Credai morwyr mai ymgorfforiad o forwyr a foddodd ydoedd yr albatrosiaid a welid, a choleddid y gred mai eneidiau yr ymadawedig a lechai ynddynt.

Perthyn iddynt fel adar rhyw ddirgelwch na ddeall morwyr mohono'n llwyr. Un ennyd ceir yr awyr uwchben heb yr un aderyn ar ei gyfyl ac yna mewn chwipyn ymddengys yr albatros. Llwydda hyn yn ddigamsyniol i greu cynnwrf a diddordeb ymhlith y criw a'r teithwyr. Rhaid cofio hefyd bod y mordeithiau yn y dyddiau a fu'n parháu am fisoedd, hyd yn oed blynyddoedd, ac roedd gweld albatros yn ddigwyddiad unigryw – yn beth i'w ryfeddu ato a'i gofio.

Byddai cryn nifer o'r morwyr yn credu bod yr albatros fel yr aderyn drycin yn dodwy eu hwyau ar gribau'r tonnau.

Gellir taro ar yr aderyn hwn yn y moroedd rhwng 45 a 70 gradd i'r Deau o'r Cyhydedd a dechreua fagu teulu unwaith y caiff ei bymthegfed pen-blwydd. Bydd yr aderyn yn dodwy un wy a gymer rhywle rhwng 65 i 79 niwrnod cyn deor. Bydd yr aderyn yn byw am oddeutu 30 mlynedd.

O ran maintioli un o'r adar môr mwyaf. Lled ei adain: 3.4 metr. Yn medru hedfan am bellter maith.

Bwyd: pysgod, sgwidiau a chramenogion.

BILIDOWCAR

Ni cheir anlwc os gwelir bilidowcar allan yn y môr.

CREYR GLAS/Y CRYCHYDD

Sonnir ym mythau'r Aitutaki yn y Môr Tawel i'r arwr Rata achub crychydd/creyr glas, a oedd ar fin cael ei draflyncu gan neidr-fôr reibus. Mewn gwirionedd ellyll ydoedd yr aderyn dan sylw a mynnodd ddiolch i Rata drwy ddangos iddo sut i gerfio boncyff coeden, a'i droi'n ganŵ.

Y DRYW BACH

Ceid ofergoel ymhlith rhai morwyr bod gwisgo plu unrhyw ddryw bach a labyddiwyd ddydd Calan yn eu hamddiffyn rhag marwolaethau petaent yn cael eu llongddryllio.

GWENOLIAID

Arwydd da, meddai morwyr, nad ydyw tir heb fod ymhell, ydyw gweld yr adar hyn yn hedfan yn y môr.

GWYLANOD

Yn y chweched ganrif O.C. dywedir i Sant Cennydd, ac yntau'n faban bychan, anafu un o'i goesau. Cymerwyd ef i Lys y Brenin Arthur ond bu i rywrai o blith Cymry'r oes honno gwyno bod Cennydd wedi ei eni drwy losgach a'i benyd fyddai cael ei ddienyddio. Penderfynodd Arthur gymryd trugaredd arno ac fe'i cludwyd mewn basged wellt cyn ei gollwng i'r afon Llwchwr. Teithiodd y fasged a'r baban i aber yr afon ond cyn i Gennydd druan bach ddiflannu am byth i'r eigion tarodd y gwylanod arno a'i dywys i ddiogelwch Penrhyn Gŵyr. Wedi iddo dyfu'n ddyn aeth yn fynach.

Credir bod eneidiau morwyr a foddodd, neu a fu farw ar fordeithiau, wedi eu hymgorffori ymhob gwylan fyw ac mai anlwc yn wir a ddigwydd i unrhyw un neu rywrai a feiddient ladd yr aderyn.

O weld gollwng i'r dyfnfor forwyr a theithwyr a fu farw ar fwrdd llong mi fyddai'r gwylanod yn hedfan mewn llinell unionsyth gan ddilyn hynt cyrff y meirwon yn yr eigion. Credid bod ysbrydion yr ymadawedig anniddig eu byd, oherwydd na chawsant eu claddu ar y Tir Mawr, yn treiddio i gyrff yr adar dan sylw.

Diddorol nodi hefyd bod yr wylan yn rhan o ail-ymgnawdoliad

person a fu farw yng ngwlad Siapan. Mewn un chwedl, dywedir i Samwri o'r enw Tadkadi, oherwydd tristwch yn ei fywyd, a chyflwr ei feddwl ar y pryd, daflu ei hunan i'r môr oddi ar gwch. Daliodd ei afael ar garreg drom a gludai hefo fo'n ei ddwylo. Fe'i gwelwyd ymhen ysbaid ar ffurf gwylan yn hofran uwchben y man ble boddodd.

Y GYLFINIR
Arferai Beuno drigo yng Nghlynnog Fawr, Arfon. Ar y Suliau byddai'n croesi'r môr i Landdwyn ym Môn er mwyn lledaenu'r Gair ymhlith trigolion anghristnogol yr Ynys. Un diwrnod, digwyddodd damwain enbyd a chollodd y mynach ei lyfr homiliau rywle ar y môr tra'n dychwelyd o'r fam ynys. Poenai'n enbyd iddo golli llyfryn mor werthfawr ond wedi iddo ddychwelyd i'r Tir Mawr beth a welai ar garreg ond y gyfrol amhrisiadwy! Yn sefyll ar y gyfrol hollbwysig yn ei gwarchod rhag dŵr hallt y môr roedd gylfinir. Dywedir i Feuno geisio gan Dduw Dad noddi'r cyfryw aderyn, a hynny'n wir drwy gadw'n gyfrinach hyd byth bythoedd safle nyth yr aderyn!

Fodd bynnag, mae rhai morwyr o'r farn nad oes lwc dda i'ch rhan os gwelwch ylfinir allan yn y môr.

HUGAN – GORLLEWIN JAFA
Dyma'r aderyn môr sy'n cynrychioli rhyddid yr enaid.

PEDRYN DRYCIN
Yn ôl morwyr pe gwelid yr aderyn hwn wrth ymyl llong tra ar fordaith yna cyn bo hir ceid tywydd enbydus ac ansefydlog iawn. Hwn eto fel yr albatros a'r wylan yn ymgorffori eneidiau morwyr a foddwyd yn yr eigion.

Celwyddau golau

Ym mhob cymdeithas, ceir cymeriadau nad ydynt yn gweld drwg mewn ambell i anwiredd, neu gelwydd golau, nawr ac yn y man. Meddai Dewi Emrys am un ohonynt: 'Yn wir, mi gofiaf yn dda am lwffyn gwledig a elwid yn "Shanco Celwydd Golau", nid oherwydd ei fod yn greadur celwyddog, ond am fod digon o ffenestri i'w gelwyddau i'ch galluogi i weld trwyddynt.'

SHEMI WÂD, A RHAI O'I STORÏAU CELWYDD GOLAU
O'I EIDDO SY'N YMWNEUD Â'R MÔR
Ar Ionawr yr 2il, 1897, ac yntau'n 80 mlwydd oed, bu farw'r anfarwol Shemi Wâd; 'cyfaill i bawb a hoff gan bawb,' fel a gerfiwyd ar ei garreg fedd ym Mynwent Capel Harmony, Pen-caer, yr hen sir Benfro.

Hen longwr o Wdig ydoedd, er nad hwyliasai erioed o olwg tir ond yn y niwl. Mynnai, er hynny, i'r to ifanc gredu nad oedd gwlad dan haul nad ymwelsai ef â hi yn ystod ei fordeithiau. Ffrwyth y balchder mentrus hwnnw ydoedd gosod Indiaid Cochion yn Ynysoedd Ffiji ac Escimoaid yn Neheubarth Affrica, a llawer anghaffael arall yng nghwrs y chwedlau annichon y mynnai ef inni goelio eu bod 'yn wir bob gair'.

Yr wyf yn dra sicr ei fod ef ei hun – o'u mynych adrodd – yn eu coledd ar y diwedd fel ffeithiau; oblegid âi'n lled sarrug pan amlygid amheuaeth ynghylch geirwiredd ei straeon. Ei ffordd arferol o ddial oedd saethu bwled o sudd tybaco o'i enau yn syth i lygad yr amheuwr; ac ni welais i neb erioed a fedrai anelu poeryn gyda'r fath gywirdeb digamsyniol. Hen lanc ydoedd.

Mynnai inni hefyd ei ystyried yn gapten. Ond ni chododd yn uwch erioed ar y dŵr na bod yn berchen hen gwch pysgota y dibynnai ei fywiolaeth arno yn ystod ei flynyddoedd olaf ym mhentref ei febyd.

Rhyw stwlcyn byr ydoedd yn ymwisgo beunydd mewn siwmper las a het Sou'wester, a sbwt o bibell glai, mor ddu â'i hen gwch tarrog, yn hongian, bowlen i waered, o gornel ei wefl.

Safai, fel rheol, ar ben Rhiw'r Post, â'i gefn at wal y pistyll; ei ddwylo yng ngwaelodion llogellau ei lodrau hael; ac yno yr adlonnid y minteioedd â chwedlau amrywiol.

Honnai Shemi ei fod yn 'ffyrst mêt' ar y *Royal Duke*, llong fawr bedwar mast â'i ffiger-hed hi gymaint bedair gwaith â'r Frenni Fawr. Glaniodd un diwrnod yn Milffwrt; 'Wedd digon o arian 'da fi – 'y nghiflog, bid shŵr; ond yr own i wedi câl lot o berle hifid gida brenin y Fiji Islands am safio'i wraig e' oddi wrth y Red Indians.' Fel yr edrydd Shemi, roedd brenin Ynysoedd Ffiji wedi cymryd ato'n arw, a hynny wedi iddo ddweud wrtho ei fod yn leico'i wraig o.

Ond, ebe'r storïwr yn ddigon rhyw eirwir, gwraig brenin Ffiji oedd yn ei hoffi o. Y diwedd fu iddo ddianc o'r ynys y trigai arni a gwerthu'r perlau yn Falparaeiso am dri ugain punt cyn dychwelyd i Filffwrd.

Byddai Shemi'n hoff iawn o ddweud sut y daliodd bennog o anferthol faint tra'n pysgota yn y môr hefo rhwydi. Pwysai rywle rhwng pedair ac ugain stôn, a chafodd Dai ac yntau drafferthion wrth geisio tynnu'r rhwyd i'r cwch. Y diwedd fu iddynt lusgo'r pennog yn y rhwyd i'r Hen Draeth ac i fyny ar y gro. Pan holltwyd y pysgodyn a'i agor cawsant eu syfrdanu'n lân oherwydd tu mewn iddo llechai Jona mor fyw ag erioed ac yn hynod ddiolchgar iddynt am ei achub o'r eigion!

Ond o'r holl hanesion difyr-ffraeth, yr un mwyaf anhygoel ydyw hwnnw hefo Shemi'n 'sgota oddi ar lan yr afon yng Nghwm. Ewadd! mi gafodd yno fachiad! Ia, gwyniedyn go nobl. Tra'n ceisio ei gael i'r lan, beth a ddaeth heibio iddynt ond clamp o grëyr glas/crychydd a dyma'r cythra'l aderyn wir i chwi'n llyncu'r pysgodyn a'r bachyn gan adael Shemi'n dal i hongian – wrth y lein! Ceisiodd dynnu'r aderyn i'r lan ond roedd mei naps yn llawer rhy gryf iddo ac erbyn hyn wedi codi ei adenydd er mwyn ei hanelu hi am y môr. Ac yn hongian wrth y lein roedd Shemi! Dyna ble roedd y dyn a'r aderyn yn yr entrychion – ond dechreuodd yr aderyn flino a hedfan yn is ac yn is hyd nes bod Shemi â'i draed bron yn y cefnfor. Ar hyn dechreuodd chwifio ei freichiau uwch ei ben a chicio ei draed. Dringodd yr aderyn yntau'n uwch ac yn uwch! O'r diwedd glaniodd a dyna pryd y cwympodd Shemi'n glatsh ar graig enfawr ynghanol y môr gan adael olion ei draed ar y ddaear. Sylweddolodd ei fod o'n yr Iwerddon a thra'n pendroni beth yn hollol i'w wneud nesaf beth a ddaeth heibio iddo ond cawr o granc.

Neidiodd Shemi'n ddi-ymdroi ar gefn y cranc a nofiodd y creadur tuag at Benfro. Dychwelwyd y pysgotwr dewr i Gwdig! Ond er ei holl ymdrech glew i ddychwelyd Shemi'n ddiogel i'w henwlad, marw fu hanes yr hen granc. Bu'r ymdrech yn ormod iddo! Serch hynny, cafodd Shemi a hanner y pentref wledd benigamp o'i gig, a defnyddiwyd ei gragen i adeiladu to cwt mochyn Shemi!

Ymfalchïai Shemi Wâd yn y ffaith ei fod â gallu tra arbennig i 'sgota ar yr arfordir, ac am dalm o amser bu'n berchen ar gwch pysgota bychan. Roedd ganddo ef a'i gyfaill Dai Reynolds hanner shâr yr un – sef cwch, a rhwyd pysgota! Byddai'r ddau gyfaill yn arfer dal mecryll, cimychod, sgadenod, a chrancod ym Mae Abergwaun. Un diwrnod roeddynt yn pysgota ar Greigiau'r Fuwch a'r Llo odisa, ger Pengaer, a'r ddau wedi ca'l cwpwl o beintia' cwrw yn un o'r tafarnau yng Ngwdig cyn ymgymryd â'r daith. Dechreuodd Dai gwyno wrth Shemi ei fod, yn ystod yr wythnosau a fu, wedi bod yn cymryd cyfran llawer rhy fawr o'r ddalfa pysgod iddo'i hun, ac mai pum deg, pum deg y dylai hi fod bob amser o gysidro y cwch a'r rhwyd oedd ganddynt. A dyna Dai – wedi cael peint neu ddau'n ormod – yn dechrau edliw, 'Be obeiti'n shâr i?'

Cymrodd Shemi arno nad oedd o'n ei glywed a daliodd Dai, pwar dab, ati i gwyno'n ddi-baid; ond ar hyn dyma Shemi'n ei atab braidd yn ddiamynedd, 'Os na dewi di â sôn fe shariai'r cwch 'ma 'da ti hefyd. Ga i'r ochor tu fewn a gei di'r ochor tu fas!'

TOM BIRCH, HWLFFORDD, PENFRO
Teiliwr trefol ydoedd wrth ei alwedigaeth ac adroddwr storïau celwydd golau tan gamp. Byddai bob amser yn dweud ei fod yn hoff iawn o fynd am dro i lan y môr. Ymwelai â thraethau Penfro yn ystod misoedd yr haf a châi gryn fwynhâd tra'n ymweld â'r Hafan a Newgale. Yn yr Hafan un dydd llethol o boeth a'r môr yn ei ogoniant – y dŵr yn llonydd a chynnes, aeth Tom i ymdrochi. Bu'n nofio am sbelan go dda cyn penderfynu, meddai, ddychwelyd i'r traeth. Wrth ddychwelyd i'r lan penderfynodd arnofio ar ei gefn a thra'n y safle hwnnw disgynnodd i drwmgwsg. Pan ddeffrodd roedd gwylan fôr wedi dodwy ŵy ar ei frest!

WIL CELWYDD GOLAU, DEINIOLEN, ARFON

Bu yn Neiniolen gymeriad o'r enw Wil Celwydd Golau. Brodor o sir Fôn ydoedd y gwron hwn, a arferai adrodd ei straeon yn y pentref a'r chwarel. Dywedodd Wil iddo fod mewn llongddrylliad – yn go agos i'r lan! Roedd y llong yn cario llwyth o orennau a chan fod yr orennau ar wyneb y dŵr ymhob man, doedd dim amdani ond camu o oren i oren nes cyrraedd y lan.

EWADD BACH ERIOED!

Roedd gŵr o Lŷn wedi mynd i America a Iancyn y fan honno'n brolio maint eu llongau. 'Mae un o'n llongau ni mor fawr, mae'r capten yn cael car i fynd o'i chwmpas i weld y criw.' 'Hy!' meddai'r Cymro, 'Dydi hynna'n ddim. Pan mae'r cwc ar fy llong i'n gwneud lobscows, mae'n cael menthyg sybmarîn i weld os ydy'r tatws yn barod!'

FFYLIAID LLANGERNYW YN MYND I WELD Y MÔR

Aeth Ffyliaid Llangernyw am Gonwy i weld y môr. Doedd yr un ohonyn nhw wedi ei weld o erioed o'r blaen. Beth a welsant yn Llanrwst ond cae yn llawn o lin yn symud fel tonnau yn yr awel. 'Hwn ydy'r môr,' meddent, a dyna fynd i mewn iddo i ymdrochi. Wedi iddyn nhw ddyfod o'r dŵr, fe ddaru nhw gofio bod rhai pobl yn boddi yn y môr. A dyma ddechrau cyfrif er mwyn gwneud yn siŵr fod pawb yno ar dir y byw. Ond mi roedd un yn eisiau ac aed ati i gyfrif yr ail waith. A'r tro hwn eto ceid eu bod un yn fyr. A hynny, wyddoch chwi, oherwydd eu bod yn anghofio cyfri'r cyfrwr! Ni wyddent pwy oedd ar goll ac felly dyna benderfynu mynd adref a threfnwyd i gwrdd â'i gilydd bore trannoeth. Y noson cynt siarsiwyd bob un ohonynt cyn iddynt drannoeth ddyfod o'u cartrefi i gynnau tân. Byddai un simnai ddi-fwg yn brawf sicr bod y person yno wedi boddi, a dyna'n hollol a wnaed, ond pan ddaeth hi'n fore roedd un ohonyn nhw wedi anghofio cynnau tân!

CROESI LLINELL Y CYHYDEDD

Fel nifer o'r disgyblion yn nosbarth hynaf Ysgol Gynradd Talsarnau, Meirionnydd, hir y pery'r cof am ein diweddar Brifathro Mr Bennet Williams, brodor o'r Abermaw (Bermo), a'i ddawn i'n difyrru hefo llu o hanesion. Dyma un sy'n gelwydd golau bob tamaid!

Roedd capten llong wedi hen syrffedu ar un o'r teithwyr yn ei holi'n dragywydd o un pen diwrnod i'r llall pryd roedd o am gael gweld y cyhydedd. Nid eisiau ei chroesi oedd hwn ond gwneud yn well na hynny. Roedd o am ei gweld! 'Aros di!' ebe'r capten wrtho gan estyn am ei delisgôp. Pan nad oedd y teithiwr yn edrych tynnodd y llongwr flewyn o wallt ei ben a'i osod ar draws gwydr blaen y telisgôp a rhoi plasteri bychain bob pen iddo er mwyn ei gadw'n ei le. 'Wel'di r'wbath?' ebe'r Capten wrth y teithiwr. Craffodd hwnnw cyn neidio i fyny ac i lawr yn ei unfan. 'Mi wela' i'r cyhydadd Ciaptan bach!' meddai 'Ond beth ydy'r camal 'na sy'n cerddad ar ei thraws hi?' Cystal egluro wrthych mai chwannen a drigai yng ngwallt yr hen gapten ydoedd y camel!

Coelion, a'u rhaffu nhw!

Beth sy'n goel neu'n ofergoel, a phaham eu bod yn bodoli o gwbl? Gellid dychmygu bod bywyd ar fwrdd llongau hwyliau yn erchyll o galed, a'r peryglon yn aml. Roedd angau yn rhythu ar y morwyr o'r naill ddydd i'r llall. Does ryfedd eu bod dan y fath amgylchiadau yn ofergoelus. Ar dir sych y mae'n bosib mai Cristnogion oeddynt, ond o olwg porthladd, deuai nerthoedd duwiau cyntefig y môr i ddylanwadu arnynt. Dyna paham, efallai, bod lwc ac anlwc, ynghyd â defodau y gellid eu galw'n ddim byd ond baganiaeth rhonc, o bwys mawr iddynt.

BLODAU
Anlwcus ydyw dyfod â blodau ar fwrdd llong gan eu bod yn rhan o blethdorchau mewn angladdau.

BANANAS
Peryglus ydyw cludo bananas ar long! Unwaith y byddent yn dechrau pydru a drewi gollyngir nwy *methane* i'r aer, a sôn am ddrewdod wedyn!

CATHOD LLONGWYR!
Gellid teimlo'n ffodus iawn o'ch cael eich hunan mewn porthladd a chath strae yn dyfod ar fwrdd llong. Golygai hyn fordaith dda ryfeddol a gorau oll os mai cath ddu ydoedd y newydd-ddyfodiad!

Annoeth ydoedd cael gwared o'r gath oddi ar long oherwydd o'i thaflu i'r eigion fe ellid achosi anferth o storm a mistimanars o'r mwyaf.

Ceisiai rhai gwragedd morwyr gadw eu gwŷr neu eu cariadon adref drwy gau cathod mewn cytiau neu dros dro eu caethiwo dan ddybiau er mwyn codi gwynt nerthol a fyddai'n rhwystro'r llongau rhag ymadael â'r porthladdoedd.

Y mae gweld cath yn neidio oddi ar long sydd wedi cyrraedd y lan yn rhag-ddarogan anffawd ar y fordaith nesaf.

Os dryllid llong ar greigiau, yr anifail cyntaf i gael ei hachub oddi ar ei bwrdd ydoedd y gath!

Mae Marie Trevelyan yn ei chyfrol *The Folk-lore and Folk Stories of Wales* yn ardodd cred y byddai mordaith yn un anodd a thra pheryglus pe clywid cath yn mewian ar ei chychwyn. Pe byddai cath yn lledu ei chorff a hynny cyn cyrraedd Ynys Wellt â'i phawennau wedi eu tynnu at ei gilydd hyd nes cyffwrdd, yna byddai ystormydd ar y gorwel!

Cathod chwareus ar fwrdd llong? Byddai llongwyr Cymru'n arfer dweud bod corwynt ynghlwm wrth gynffonnau'r cathod a bod glaw yn perthyn i'w wynebau!

Os ydyw'r gath ar long yn ymolchi'n dra aml, yn enwedig ei hwyneb, hefo ei phawen yna mae rhyw helynt a helbul ar fin digwydd.

Petai'r giaman yn troi ei chefn at y capten, at y tân yn y gali neu hyd yn oed stôf a geid yn y caban, yna byddai'r llong ar fin taro craig neu ar fin cael ei dal rhag symud mewn dŵr bas.

Pan fo cath yn dechrau crafu ei hewinedd ar hwylbren llong, yna nid oes unrhyw beth yn yr holl fyd a all achub criw'r llong rhag suddo oddi tan ddyfroedd y môr.

Cred ambell longwr bod gweld cath ddu yn gwarantu siwrne ddiogel ar long. Ond coleddid coel arall hefyd sef bod gweld cath ddu yn arwydd sicr o storm. Diddorol hynny oherwydd ar y Tir Mawr ar un amser credid mai gwrachod ydoedd cathod duon a chreaduriaid i'w herlyn a'u difa.

CLADDU'R CEFFYL MARW

Defod a ddigwyddai ar longau masnachol a hwyliai tuag at Awstralia ac oddi yno. Y 'ceffyl' ydoedd yr hyn a delid am fis i'r morwyr unwaith roeddynt ar y tir mawr. Byddai'r hen hogiau wedi ei wario i gyd cyn iddynt ail-gychwyn ar fordaith arall. Wedi mynd heibio dau ddeg wyth niwrnod o hwylio mi fyddent yn mynd ar ofyn eu Capten am flaen-daliadau. Llunid corff y 'ceffyl' o gasgen, ei goesau o wair a shafings coed, a'r gynffon o gywarch. Gorchuddid y gwrthrych hefo canfas, cyn ei godi i ben yr iard-dram a'i danio. Yna wrth iddo losgi fe'i torrid, gan adael iddo ddisgyn i'r môr. Arferid canu shiantiau yn ystod y seremoni hon.

CŴN
Anlwc a fynn eich dilyn os gwelwch gi gerllaw taclau pysgota. Peth anffodus ydoedd mynd â chi ar long ac ni ddylid ychwaith sôn amdano o gwbl yn ystod y fordaith. Holl bwrpas cael ci Labrador ar long yng Ngogledd America ydoedd achub unrhyw wrthrych pan ddisgynnai oddi ar fwrdd y llestr i ganol y môr.

CWNINGOD
Peidiwch dod â chwningen ar long.
Tystiolaethwyd gan Gareth Wyn Parry, morwr o Foelfre, Ynys Môn, ond yn wreiddiol o Ddyffryn Nantlle, am gapten llong o Ffrainc yn gwylltio'n gidwm wyllt o ganfod fod rhywun wedi dyfod hefo caets ag ynddo gwningod ar fordaith.

Yng Nghernyw os dywed morwr sy'n cerdded tuag at ei gwch neu ei long bod cwningen gerllaw yna cystal i'r morwr truan hwnnw ei heglu hi am adref gan rhoi'r gorau i feddwl am weithio ar y diwrnod dan sylw.

DOLFFINAU/LLAMHIDYDDION
Y mae gweld dolffiniau gerllaw llongau neu gychod yn peri i'r cychwyr neu longwyr deimlo'n dra-ddiddig gan y credent mai eu gwarchod a wna'r creaduriaid hyn. Canfyddwyd ddolffinau yn rhan o'r anteffics teracotta sy'n dangos Ciwpid a myrtwydd Fenws yn y gaer Rufeinig yng Nghaerleon.

GWENYNEN
Gwenu'n dirion ar ei gilydd a wnâi morwyr o weld gwenynen yn glanio ar fwrdd llong a chredent o'i gweld mai mordaith ddiogel fyddai o'u blaenau.

LLYGOD MAWR
Yn ystod tymor penfrasau a brenin-bysgod, deuai anlwc i bysgotwyr môr yn Nhiree ar arfordir dwyreiniol yr Alban petai'r llongwyr yn dechrau siarad am lygod mawr ar fyrddau cychod neu longau. Ynghlwm wrth y gred y mae'r ensyniad mai'r creadur cyntaf i lamu i'r eigion neu oddi ar y llong i'r lan pan fo cwch neu long ar fin suddo ydyw'r llygoden fawr!

Ystyrid llygod mawr fel cyfoeth mewn rhai gwledydd. Y duw Daikoku mewn croen llygoden fawr ydyw'r cyfryw greadur/ greadures. Try'r duw o Ffiji, sef Qurai (Ngurai), ei hunan yn annelwig ar ffurf llygoden fawr er mwyn cael bod yn bresennol yng Nghyngor holl bwysig y duwiau.

MOCH

Yn Indonesia bydd cythreuliaid yn ymddangos ar ffurf dreigiau, tylluanod, dynion blewog, a hefyd moch; ac yn yr Hebrides Newydd, Melanesia a Guinea Newydd, ystyrir mochyn fel gwrthrych aberth a'i fod cyfwerth os nad cydradd ag unrhyw berson a fynn ei aberthu. Cynrychioli cyfoeth, grym a ffrwythlondeb a wna'r cyfryw anifail yng ngolwg y brodorion.

Coledda pobl Dairi yng ngorllewin Swmatra y goel bod eneidiau bodau dynol, unwaith byddent farw, yn cael mynediad i gyrff moch gwyllt.

Y mae'r gyfrol hud a lledrith *Kitap Ngelmu*, a berthyn i Jafa, yn cynnwys fformiwla sut i drawsffurfio eich gelyn yn fochyn.

Ydyw, y mae gweld mochyn ar fwrdd llong yn rhywbeth i'w ofni. Y mae'r hollt yn ei garn 'run fath â hwnnw yn nhroed y diafol. Dywedir hefyd bod parablu'r gair 'mochyn' yn gwahodd y diafol atoch. Ni feiddid ynganu'r gair 'mochyn' ar y môr ond fe ellid gwneud hynny'n ddiogel ddigon â'ch traed ar dir sych! Fodd bynnag ceid ar y glannau dafarnau o'r enw *Pig & Whistle*, ble roedd yr hen forwyr yn gallu gwneud fel ag y mynnent drwy weiddi enw'r anifail nerth esgyrn eu pennau!

Yn yr hen fyd Celtaidd y ffefryn o'r anifeiliaid oedd y baedd neu'r twrch. Nid oedd rhagorach anifail i'w hela, a megid ef yn anifail dof ar gyfer y bwrdd.

Perthyn i'r byd arall a wna'r mochyn oherwydd o'r byd hwnnw y daethant i Gymru am y tro cyntaf yn eu hanes yn chwedl Pwyll Pendefig Dyfed (y *Mabinogi*).

Yn y Testament Newydd sonnir am 'foch Gadara'. Dyma'r lle y bu i Iesu Grist drechu ysbrydion drwg a drafferthai creadur o ddyn. Fe'u trowyd ganddo yn genfaint o foch a foddwyd yn y môr. Gelwir Gadara yn Gerasa gan yr Efengylydd Marc ac y mae'r Efengylydd

Mathew yn dweud mai yn Gergesa y digwyddodd yr iachau. Yn nhermau Cristnogol, dengys yr hanesyn awdurdod Crist ymysg y cenedl-ddyn.

Roedd gweld mochyn ar fwrdd llong yn peri i longwyr feddwl am ei gysylltiadau crefyddol a'r cyfan yn deillio o'r cefndir Beiblaidd ynghylch aflendid y creadur a'u bod yn gythreuliaid.

Ond beth bynnag oedd coel yr Hebrëwr ynghylch yr hen fochyn, mae adroddiad gan Gerald N. Jones yn *Y Cymro* (1954) yn tystio i'r gwrthwyneb;

> . . . dechreuodd ein bwyd fynd yn frawychus o brin. Y canlyniad ydoedd i Capten Miles benderfynu lladd y mochyn Fanny, ffefryn y criw. Huawdl ydoedd protestiadau'r dynion yn erbyn hynny a theimlwn innau fel petai cydymaith ffyddlon ar fin cael ei ddienyddio, oblegid byddai Fanny yn dilyn ôl fy nhroed fel ci. Cas gan Capten Miles hefyd oedd gorfod lladd Fanny; buasai'n gobeithio ei chadw, a mynd â hi adref i Abergwaun, a dechrau magu brid bach o foch Awstralia. Ond ofer oedd pob protest yn erbyn terfynu einioes ein ffefryn, ac aberthwyd Fanny ar allor ein newyn.

PRYF COPYN/CORRYN

Ni chroesawid bryf copyn/corryn ar fwrdd llong. Weithiau fe'u ceid yn llithro i flychau ar fyrddau llongau ac yn pigo/brathu morwyr gan achosi marwolaethau.

MÔR-GRWBANOD

Er bod môr-grwbanod ar arfordir Siapan yn cael eu hela a'u bwyta, y mae'r Siapaneaid yn eu hystyried yn negeseuwyr i Frenin-y-môr ac yn anfwytadwy. Bydd rhai o bysgotwyr Selangor ym Malay yn gweddïo ar dduw môr sydd bob amser ar ffurf crwban du bob tro y mae'r tywydd yn clafychu ac ystorm ar ddyfod.

YSGYFARNOGOD

I osgoi anffawd byddai pysgotwyr Looe yng Nghernyw yn aros adref heb fynd ar gyfyl y môr pe gwelent ysgyfarnog.

MERCHED

Credai ambell forwr bod llong heb ferch ar ei chyfer yn lestr môr llawer mwy diogel. Priodolid hyn i'r goel hollol gamarweiniol mai dynion ac nid merched oedd yn medru dygymod hefo gorchwylion ar longau. Twt! twt! Nid yw hynny'n hollol wir gan fod merched, yn enwedig yn Nwyrain Ewrop, yn gapteiniaid llongau ac yma yng Nghymru dilynai rhai gwragedd eu gwŷr i'r môr. Gwyddys hefyd am wragedd yng Nghymru a fyddai'n dysgu hogiau sut i fordwyo! Ynghlwm wrth yr ensyniad hwn mai anlwc a geid o gynnwys merch ar fwrdd llong y mae'r goel bod merched, o gyd-deithio hefo morwyr ar long, yn bownd o ennyn sylw'r dynion. Nid oedd gwybod beth a ddigwyddai wedyn ran temtasiwn yn ystod y fordaith! Twt! twt! dyn ydy dyn a merch ydy merch! Coleddid hefyd syniad cwbwl gyfeiliornus y byddai merch ar fwrdd llong yn ennyn dicter duwiau'r môr ac yn sgil hynny'n codi ystormydd a drycinoedd.

BLAEN-DDELWAU AR FWÂU LLONGAU

Er mwyn dwyn lwc dda ceid ar fwâu llongau gerfluniau ar ffurf merched hefo eu bronnau noethion oll yn y golwg. Credid eu bod â'r gallu i ddistewi'r môr! Byddai ganddynt bob amser lygaid annarferol o graff. Gallent yn hyn o beth fod o gymorth mawr i daro ar lwybrau diogel drwy'r eigion! Coelid na allai llong suddo heb fod y ddelw yn mynd i lawr hefo hi. Collwyd llong o'r enw *Blue Jackess* ger ynysoedd y Malfinas yn y flwyddyn 1869 a golchwyd i'r lan yng Ngorllewin Awstralia, ddwy flynedd yn ddiweddarach, y ddelw oddi ar ei phen blaen. 'Y llong' ebe un wag o forwr. 'Ishio gorffan ei thaith'.

Yn Nhŷ Uchaf, Llangïan, ar ochr Mynydd y Rhiw, Pen Llŷn, bu i fam Mr Lewis Jones a'i chwaer Maggie daro ar flaen-ddelw a elwid yn Neli (sydd adeg adrodd yr hanes, yn chwech a phedwar ugain o leiaf). Dywedir mai 'go brin y gwelodd menyw erioed gymaint o dywydd mawr a pharhau i edrych cystal'. Fe'i cafwyd yn wlyb-oer ar draeth Porth Neigwl. Dwy droedfedd o hyd ydoedd a phan ddaethpwyd â Neli adref i Dŷ Uchaf fe'i crogwyd ar dalcen y cwt mochyn ac yno y bu hi am ddeng mlynedd a thrigain.

A dyma hi—yn cadw ei chyfrinach.

A phwy yw Neli, a fu cyhyd mor dwt ger y cwt mochyn

*Blaen-ddelw a olchwyd i'r lan ar draeth
Porth Neigwl, Penrhyn Llŷn.
O'r Cymro, Hydref 23, 1958*

61

PEIDIO BWRW GOLWG YN RHY ORMODOL DROS EICH YSGWYDDAU

Unwaith y gadawsai llong ei phorthladd credid mai anlwc a ddeuai pe byddai llongwr yn bwrw golwg dros ei ysgwydd. Ystyrid hynny yn weithred negyddol, fel petai heb fod yn barod i fwrw ymlaen hefo'r fordaith a heb fod yn rhy awyddus i gwblhau'r daith.

PEIDIWCH PAENTIO EICH CWCH YN WYRDD!

Yn ddiddorol iawn, yn yr Iwerddon ystyrir mai rhywbeth sydd tu hwnt o anlwcus ydyw i'r briodferch neu'r briodfab ar ddydd eu priodas wisgo dillad gwyrddion. Sonnir hefyd am anaddasrwydd y lliw gwyrdd mewn mannau yn Lloegr, ble dywedir bod gwisg werdd yn anlwcus onibai bod y briodferch yn Wyddeles. Ie, diddorol odiaeth!

Yn Lloegr ceir ymadrodd sy'n disgrifio gwraig hefo gŵn werdd. Ystyr hyn ydyw bod y wraig yn or-hoff o ddynion, ac yn gwbl ben-rydd, tra'n cyfathrachu'n rhywiol, gan fod taeniadau gwyrddion y caeau ble bu'n gorweddian yn parhau'n amlwg ar ei gwisg!

Ar y tir mawr hefyd, lliw anlwcus odiaeth ydyw gwyrdd tra'n addurno llwyfan ar gyfer perfformio drama, neu hyd oed wrth brynu modur! Yng ngwlad Thai cyplysid lliwiau hefo bob niwrnod o'r wythnos a'r lliw arbennig i fod yn rhan o'ch gwisg. Glas ydoedd lliw dydd Gwener ac yn cynrychioli dydd pen-blwydd Brenhines Gwlad Thai ond perthyn i ddydd Mercher a wnai'r lliw gwyrdd, a golygai wisgo'r lliw penodol ddyfod â lwc i'ch bywyd. Sylwer mai gwarchod cwch rhag anffawd yw ei phaentio hefo unrhyw liw arall ond gwyrdd!

Diddorol nodi bod llygaid gwyrddion yn cael eu hystried fel rhai cenfigennus! Y mae'r lliw gwyrdd yn y cyswllt hwn o bosibl yn cael ei gyplysu hefo'r goruwchnaturiol ac yn perthyn i arall-fyd fel a berthyn i goblynnod, anghenfilod ac ati sy'n rhodio oddeutu bob Calan Gaeaf.

Mae'r canlynol yn dystiolaeth werthfawr a gafwyd ar lafar ac mewn ysgrifen gan gyfaill sydd â perthnasau yn byw'n Jafa. Ar arfordir deheuol Jafa, Lara Kidul ydyw duwies y môr ac ystyrir hi'n anlwcus gwisgo dim byd gwyrdd gerllaw'r arfordir.

Y mae trigolion Jafa hefyd yn gofalu peidio dweud enw'r dduwies ac yn defnyddio enwau eraill arni. Gusti, Nyai, a Kangjeng ydyw'r enwau mwyaf cyffredin a ddefnyddir. Un enw arall diddorol arni ydyw Eyang, sy'n golygu mam-gu/nain.

Rhaid ystyried hefyd fod y lliw gwyrdd yn cael ei gysylltu hefo cariad a hyd yn oed hunan-gariad. Gair arall am hyn i gyd ydyw *chakra* sef canol y nerth ysbrydol mewn corff dynol. Ystyrir y galon yn ganolfan ac mewn Hindwiaeth perthyn gwahanol dduwiau i'r *chakra*.

Yn Islam hoff liw y proffwyd Mohamad ydoedd gwyrdd ac yn Llyfr Sanctaidd y *Qur'an* cyfeirir at y Nefoedd hefo'r Nefolion yn gwisgo gynau gwyrddion wedi'u gwneud o sidan.

Perthyn i'r lliw gwyrdd y gallu i dderbyn a rhoi. Honnir bod y lliw yn dal perthynas agos-glos hefo'r galon. Ceir yn llên gwerin Lloegr gymeriad a elwir 'y dyn gwyrdd' a thybir ei fod yn hannu o fyd ysbrydol paganaidd. Hwn sy'n hybu ffrwythlondeb meddid ym myd natur.

Yn sir Sussex dywedir ei bod yn anlwcus mynd oddi tan bont rheilffordd tra bo trên uwchben yn ei chroesi ac y dylid yn ddiymdroi gyffwrdd â gwrthrych gwyrdd ei liw, ac os na wnewch hynny ni cheir ond anlwc.

Sylwer ar berthnasedd duwch a thywyllwch oddi tan y bont, (ai yr arall-fyd?), a bod grym hudol yn perthyn i'r lliw gwyrdd. Gall hyn olygu gwrthdroi a disodli unrhyw bŵer arall. Yma, sicrhau na chewch eich rheibio gan bŵerau'r fall y mae'r lliw gwyrdd.

Yn nhemlau'r Hen Aifft arferid defnyddio'r lliw gwyrdd ar y lloriau. Lle i encilio iddynt ydoedd y temlau, a hynny'n aml er mwyn cael iachâd.

Gellir meddwl mai ceisio osgoi digio'r môr fyddai peidio â phaentio cwch yn wyrdd. Ni fyddid felly yn temtio ffawd, nac mewn unrhyw fodd yn cythruddo'r dyfroedd. Onid ydyw'r lliw gwyrdd mor agos i'r glas, sef lliwiau'r eigion? Ym meddyliau'r morwyr, gan y môr mae'r bythol dragwyddol hawl i roddi a chymryd oddi ar y rhai a'i defnyddia. Hyd yn oed wrth baentio cychod rhaid ydoedd eu parchu.

CYFFWRDD COLER LLONGWR
Yn wir, deuai lwc dda o weld plentyn yn cyffwrdd ymylon coleri crys, neu goler o eiddo llongwr, ac os yn Ffrainc ystyrid cyffwrdd pom-

pom coch a fyddai ynghlwm wrth gap morwr fel gweithred tu hwnt o lwcus.

LLYGAID

Pe gwelai morwr berson â llygaid croes wrth gychwyn am ei waith, byddai'n troi yn ôl am adref gan y credai y deuai anlwc iddo yn ystod y dydd. Ceir weithiau ar ran allanol tu blaen bwâu cychod, luniau llygaid wedi eu paentio. Dywedir mai y llygad yw'r symbol sy'n dangos fod grym goruwchnaturiol yn amddiffyn y cwch ac na all neb ei niweidio.

Ond hwyrach hefyd fod llygaid a baentiwyd ar ochrau cychod yn dynodi rhywbeth cwbwl amlwg o naturiol sef bod cychod wastad â'u llygaid wedi eu hanelu am y môr a rhaid fyddai gwylio eu bod ar y daith iawn!

NEWID PERCHNOGAETH AC ENWAU LLONGAU

Rhaid ydoedd aros i'r llongau o'u lansio arnofio cyn rhoi enwau arnynt.

Credir mai anlwc sy'n aros perchennog newydd os pryn gwch neu long gan wybod bod anhap, er enghraifft hunanladdiad, wedi

Hen gerdyn post.
Roedd enwi llong o bwys i berchenogion, a'r bobl a hwyliai ar ei bwrdd.

64

digwydd i'r cyn-berchennog/perchnogion. Yn achos *Y Royal Charter* a ddrylliwyd ger Moelfre, aeth yr hwch drwy'r siop yn hanes cyn-berchennog y llong, a honnwyd mai llong anlwcus ydoedd. Roedd rhoi enw a derfynai hefo'r llythyren *a* i long neu gwch hefyd yn anlwcus, yn enwedig o gofio yr hyn a ddigwyddodd i'r *Lustiania*.

CYFLYMU TAITH CWCH NEU HYD YN OED LONG HWYLIAU
Byddai dernyn pren wedi ei ladrata a'i osod ar waelod y llong, sy'n ymledu o'r linell ganol, o'i rhan blaen i'w rhan ôl (starn), yn peri iddi hwylio'n gyflymach.

GWIN AR FWRDD LLONG
Lwc dda sydd yn eich aros os y tywalltwch win ar fwrdd llong a golyga hyn y byddwch yn cael mordaith hapus dros ben. Yr un eto ydyw'r arferiad o dorri potel siampaen dros flaen y llong a'i 'bedyddio'.

GOFAL WRTH DROEDIO
Rhaid gofalu bob amser wrth gamu ar fwrdd llong wneud hynny hefo eich troed chwith yn cael y blaen ar eich troed dde.

TAFLU CERRIG
Amharchu'r môr a'i gythruddo a wneir o daflu cerrig ato. Credid bod gan y môr y nerth i ddial ac ystyrid taflu cerrig dros ochr y llong fel yr hwyliai yn amharch o'r mwyaf. Diweddai'r cyfan gydag ystormydd geirwon.

RHEGI A THYNNU LLWON AR Y MÔR
Rhaid oedd gofalu peidio rhegi na thyngu llwon ar y môr.

DYDD NADOLIG AR FWRDD LLONG
Clymid y goeden Nadolig ar ben y brif hwylbren neu ar reilen uchaf llong fodern.

GENEDIGAETHAU BABANOD
Ar enedigaeth mab morwr yng ngwlad Llydaw fe'i rhoid mewn

basged cludo pysgod. Gosodid cregyn y môr odditano a thaenid siwmper morwr drosto. Byddai hyn yn fendithiol oherwydd byddai'r plentyn, unwaith y tyfai'n ddyn, yn dilyn traddodiad ac yn mynd i'r môr fel ei dad a'i gyndadau.

ADEILADU LLONGAU
O'r dechreuad byddai coelion, hyd yn oed ofergoelion, wrth wraidd popeth o'r bron yr ymgymerid ag ef.

DETHOL PRENNAU ADDAS
Ni fyddai llong yn medru hwylio o gwbl os nad oedd prennau'r coed yn rhai lwcus. Prennau o'r fath ydoedd y rhai a geid o goed y gerddinen a'r onnen.

Yng Nghymru dywedir mai o bren y gerddinen/pren criafol y gwnaed y groes ar gyfer croeshoelio'r Arglwydd Iesu Grist.

Credid bod nerth hudol yn perthyn i'r onnen. Bu i Pliny honni bod y goeden yn gwarchod pobl rhag y sarff/neidr a gŵyr pawb am gyswllt Beiblaidd Efa druan yng Ngardd Eden.

YR HOELIO
Wrth ddechrau ar y gwaith o adeiladu cwch neu long gosodid y cêl neu'r gilbren i'w phriodol le gyda gofal neilltuol, gan wneud defnydd priodol o'r ddefod o 'yfed iechyd da'r llong'. Ar yr un pryd ymdrechid i daro'r hoelen gyntaf yn gywir. Doedd hoelen wedi ei chamu ddim yn gwneud y tro o gwbwl! Dylid taro'r hoelen drwy bedol ceffyl er mwyn sicrhau lwc dda. Clymid hefyd rhuban coch am yr hoelen a ddyrnid gyntaf i'r gilbren.

Cynrychioli lliw gwaed a bywyd oedd holl bwrpas rhuban lliw coch. Cadwai unrhyw ddrwg draw. Drwy hynny arbedid y llong rhag melltith a'r Llygad Drwg. Deilliai drwg os ceid gwreichionen tra'n taro hoelen â mwrthwl, hynny ydyw, mi fyddai'r llong yn sgil gweithred o'r fath yn sicr o gael ei difa gan dân.

GOFAL HEFO'R GWAITH
Dylid gwylio rhag brifo a cholli gwaed oherwydd deuai hynny â chanlyniadau difrifol i'r criw rhyw ddydd a ddelo.

BENDITHIO CYCHOD A LLONGAU

Credir i'r diwygiad Methodistaidd danseilio coelion fel bendithio cychod ar ddechrau tymor pysgota ac arferion cyffelyb sy'n dal yn gryf yng ngwledydd Catholig Ewrop.

Nid yn hollol ychwaith, oherwydd bu i Alastair Barber ddatgan yn 2008 bod Canon Herbert Lloyd, y Rhyl, yn arfer bendithio cychod hyd nes rhoi'r gorau iddi oddeutu deng mlynedd ynghynt. Cafwyd gwybodaeth hefyd am yr arferiad gan P. G. C. Longfield, Ysgrifennydd Cymdeithas Pysgotwyr y Rhyl ac un a adwaenai yn dda y Canon Lloyd. Pan gynhelid Suliau y Gofyn (*Rogation*), ar y cychwyn bendithio cnydau amaethwyr a wneid ond gan fod y Rhyl yn gymuned hefo diwydiant pysgota penderfynodd Canon Lloyd fendithio cychod yn ogystal. Dechreuwyd ar y gwaith yn wythdegau'r ugeinfed ganrif. Cynhelid gwasanaethau crefyddol ar benllanw, pryd yr arferai'r cychod ymgynnull yn afon Clwyd gan wynebu Rhodfa Sydenham neu'r 'fferi waelod' fel y'i hadwaenir yn lleol.

Byddai'r bad achub, iotau o glybiau lleol, gwib-gychod, badau rhwyfo a'r cychod pysgota a'u criwiau fel y troai'r llanw yn rhan o'r gwasanaeth crefyddol, a ddigwyddai ac ar y promenad byddai seindorf y Rhyl neu seindorf Byddin yr Iachawdwriaeth yn cyfeilio i ganu emynau. Erbyn hyn mae'r arferiad o fendithio cychod yn y Rhyl wedi dod i ben.

Byddai dyddiau bendithio yn cael eu cynnal gan yr Eglwys Gatholig ar bedwar achlysur bob blwyddyn. Bu dyddiau o'r fath yn rhan o galendr yr Eglwysi Catholig a Phrotestanaidd yn y Gorllewin ar un amser. Cynhelid y Fendith gyntaf ar Ebrill 25ain, neu ar y 27ain os digwyddai'r Pasg ar yr un dyddiad. Arferiad yn y byd Catholigaidd ydoedd i offeiriaid fendithio'r môr.

ARIAN LWCUS

Er mwyn sicrhau mordeithiau llwyddiannus arferid gosod dernyn arian ar ben un o hwylbrenni'r llongau, a rhoddid hefyd ddarnau aur neu arian ynghlwm wrth eu fframweithiau. Yn nechrau'r unfed ganrif ar hugain yng Nghasnewydd, Mynwy, tra'n archwilio olion llong fasnach ganoloesol (yn cludo nwyddau fel gwinoedd, gwlân, coed a.y.b.), tarawyd ar ddernyn o arian lwcus a guddiwyd yng nghilbren y llong. Yr hyn hyn sy'n ddiddorol odiaeth ydyw bod y dernyn arian a ganfu'r archaeolegwyr o gymorth yn y gwaith o ddyddio o'r union adeg yr adeiladwyd y llestr, sef 1447.

Yr hyn a wneid gan bysgotwyr ym Mholynesia a Micronesia er mwyn cael mordeithiau diogel fyddai cadw dernyn o goral dan seddau'r cychod. Y coral hwn a wasanaethai fel duw'r môr ac a ofalai am y mor-deithwyr.

HOELIO PEDOLAU
Credai rhai morwyr y gellid arbed llongau rhag drygioni o bob math drwy hoelio pedolau ar hwylbrenni cychod a llongau. Hoelid pedolau haearn hefyd ar furiau cabanau'r llongau a'r cychod.

LANSIO/GWTHIO CYCHOD/
LLONGAU I DDYFROEDD Y MOROEDD
Ni fyddai neb yn lansio llong ond ar lanw.

Ar y 21ain o Orffennaf, 1853, yng ngwydd tyrfa fawr o bobl yn Noc Penfro, bu i wreigan o'r enw Betty Foggy (yr honnid mai gwrach ydoedd), amharu ar lansiad llong o'r enw *H. S. Caesar*. Ceisiodd meileidi gael mynd i wylio'r lansio yn y *grand stand* hefo'r byddigions a'r bobol fawr ond fe'i rhwystrwyd rhag mynd yn agos i'r lle gan yr heddlu. Darfu iddi hithau wylltio'n gacwn a dweud, 'Popeth yn iawn, ond ni fydd y llong yn symud!' Gwireddwyd ei bygythiad. Daeth y llong i aros, a bu'n rhaid iddi aros yn ei hunfan am bythefnos a thri niwrnod cyn ei hail-lansio! Y blociau pren a ddefnyddiwyd ar gyfer y lansio oedd ar fai. Defnyddiwyd prennau coed ffynidwydd yn hytrach na phrennau coed derw ac roeddynt mor feddal fel na allent gynnal pwysau'r llong. Yr adeiladwyr felly oedd i'w beio ac nid yr hen wreigan Betty Foggy (a fu byw'n Solfach, Sir Benfro, cyn dyfod i fyw yng nghymdogaeth Doc Penfro). Ysywaeth, hi'n anad neb arall a gafodd y bai am yr anffawd.

Pan lansiwyd *Y Royal Charter* ar lannau'r Dyfrdwy, sir y Fflint, yn Awst 1855, digwyddodd mwy nag un anffawd. Chwalodd y fframwaith oddi tani a chafwyd cryn drafferth i'w hail-lansio. Pan ddigwyddodd hynny bu'r llong ynghlwm ar rimyn o dywod ger y lan heb fod ymhell o dref y Fflint. Syniwyd fod hyn i gyd yn cyfeirio at un peth digon amlwg, sef amharodrwydd *Y Royal Charter* i gymryd at y môr! Fel petai pethau bychain, anhapau, cyd-ddigwyddiadau; a rhai digon dibwys ar ryw ystyr; yn arwain at ddinistr. Efallai mai synio ydoedd hyn i gyd, a chreu chwedloniaeth, wedi'r digwyddiad!

Y Royal Charter

ENWI'R LLONG

Digwyddai'r enwi ar ddydd y lansio. Bedyddio ydoedd yr enw a roid ar hyn, a chredid mai aberthu i'r duwiau ydoedd! Rhaid fyddai, wedi'r lansio, aros i'r llong arnofio cyn ei henwi. Byddai anffawd os newidid enw gwreiddiol y llong i un arall.

Wrth enwi llongau defnyddid geiriau nad oeddynt yn gorffen hefo'r llythyren '*a*'. Byddai enwau fel '*Anna*', '*Tamarra*' a '*Mona*' yn enwau a gyplysid ag anffawd neu ryw anlwc neu ei gilydd, ac yn cael eu llwyr osgoi.

Ym Malay a Pholynesia byddai pysgotwyr y moroedd yn rhoi enwau ar eu canŵau. Credent mai eneidiau byw oeddynt. Ar fordeithiau cludir cerfluniau pren ar fyrddau'r canŵau. Ym Mholynesia yr enw brodorol ar gerflun fel hwn ydyw *Taringa Nai* sef 'clustiau mawrion'. Byddent yn sefyll ym mhennau blaen y canŵau. Pam eu bod yno? Am bod clustiau ganddynt sy'n medru clywed ble y llecha peryglon. Maent yno i gysuro'r mordeithwyr ac i roddi lwc dda iddynt ar eu teithiau.

ENWAU PLANT AR LONGAU

Dywedir bod rhoi enw merch ar long yn dod ag anffawd a dinistr.

Roedd yn arferiad yn Nefyn i alw plant ar ôl enwau llongau a berthynai i'r teulu, megis Defi Roberts – *Richard* (llong y tad), a Meri Roberts – *Richard*, Evan – *Zebra*, Miss Jones – *Ardent*. Jane – *Cossack* ac Owen – *Cossack*, John-John a Mêr – *John and Mary* ac fel hyn yr adnabyddid hwy. Ond byddai'r hen forwyr yn amheus iawn o enwau rhy feiddgar a mawreddog, a phan ddeuai newyddion am anffawd neu longddrylliad chwilient am ryw ystyr cudd yn enw'r llong a aeth i drybeini er mwyn cael gweld a fyddai ei henw'n rhoi unrhyw arwydd o'i thynged.

RHAI GEIRIAU A'R DEFNYDD OHONYNT TRA'N MORIO

Gwaherddid defnyddio rhai geiriau tra ar fordeithiau. Tra'n morio rhaid ydoedd gochel rhag galw gwrthrychau wrth yr enwau a geid amdanynt ar dir sych. Ni fyddid yn y moroedd ger yr Alban yn galw'r bachyn yn *croman* ond yn *chliob*; nid cyllell fyddai *sgian* ond *ghiar* (yr un finiog), a'r garreg er mwyn angori'r gwch fyddai'r *cruaidh*, (yn golygu caledrwydd), yn hytrach na'r gair *clach*. Arferid hyn mwy ar arfordir dwyrain yr Alban na'r gorllewin. Y mae'r arferiad uchod yn dal mewn bri ymhlith pysgotwyr Firth Cromarty. Wrth forio roedd rhai geiriau hefyd na châi neb eu dweud. Fe'u cyfrifid yn anlwcus iawn i lefaru geiriau fel halen, cyllell, wyau, cath, mochyn, sgwarnog ac eog. Os digwyddid clywed un o'r geiriau hyn yna rhaid oedd cyffwrdd haearn yn unionsyth ac o wneud hynny gellid cadw'r anlwc draw.

CAEL EICH GENI GER Y MÔR

Credid fod pobl a aned ger y môr yn ddewrach na neb arall! Does rhithyn o wir yn hynny!

GWYMON
Os am gadw ysbrydion drwg draw o'ch aelwyd yna gofalwch hongian sypyn o wymon môr yn y gegin gefn!

CLUSTDLYSAU A THATŴAU
Credai rhai o'r morwyr os y gwisgent glust-dlysau euraidd y cânt eu harbed rhag boddi. Byddai gan nifer o'r morwyr datŵau ar eu cyrff, nifer o'r rheiny'n portreadu merched noethion.

Ddwy fil o flynyddoedd yn ôl credai Pliny bod merch noeth yn gallu tawelu stormydd ar y môr. Ewadd! Dyna handi!

Ceid ymhlith morwyr hefyd datŵau a ddaliai gyswllt agos hefo'r byd Cristionogol. Y tatŵ mwyaf cyffredin ydoedd un o'r Iesu ar y groes. Credid bod grym yn perthyn i'r fath datŵ ac y byddai'r Gwaredwr yn gallu lleddfu poen pan oedd morwr yn yr hen ddyddiau yn cael ei fflangellu.

PRIODI
Priodwch da chwi, ond cyflawnwch hynny bob amser ar ddiwedd tymor pysgota. Y mae mynd ati i briodi cyn hynny yn sicr o godi stormydd geirwon yn y môr!

PWY YDYW PWY AR FWRDD LLONG
Y mae llong hefo plentyn ar ei bwrdd bob amser yn esgor ar lwc dda.

Y GWEINIDOG NEU'R OFFEIRIAD
Ar gychwyn mordaith, anlwc a ddilyn morwr o weld gweinidog neu offeiriad wrth iddo fynd am y llong. Anlwcus hefyd ydoedd cael offeiriaid neu weinidogion ar fordaith, gan mai nhw ydyw'r 'gwŷr duon'. Fe'i gelwir hynny oherwydd lliwiau eu gwisgoedd. O weld y gwŷr duon byddai'r morwyr yn ei g'leuo hi am adref ac yn aros yno am y diwrnod! Byddai'r lliw du yn atgoffa'r morwyr o alar, marwolaethau a chynhebryngau. Yng Ngherynw, arwydd o anlwc ydoedd gweld offeiriad ar y cei.

Yn bendant, yng ngolwg pysgotwyr arfordir dwyreiniol yr Alban, ni chaniateid ar gychod na longau grybwyll nag hyd yn oed sôn am offeiriaid yn ystod tymor y penfras a'r brenin-bysgod.

GOFAL O'R EWINEDD A'R GWALLT TRA'N MORDEITHIO
Nid yw'n beth da o gwbl torri eich ewinedd na'ch gwallt tra ar fordaith. Ystyrir hynny fel temtio ffawd ac y byddai Neifion yn cenfigennu o weld hynny'n digwydd!

POBOL TRAED FFLAT
Ie'n wir i chwi, anlwc a geid hefo pobl fflat ar eu traed yn cerdded o gwmpas ar long!

DEFNYDD O'R GYLLELL
Er mwyn cael gwynt teg ar gyfer hwylio, y cyfan sy'n ofynnol i chwi ei gyflawni ydyw plannu cyllell yn yr hwylbren!

CLUDO'R PETHAU IAWN
Os am hwylio'r moroedd cymeradwyid cludo yn eich poced, neu rywle ar eich corff, ddarn o lo, neu garreg â thwll ynddi.

COLLI CELFI
Gall anifyrrwch ddeillio o golli pwced neu fop dros ochr llong.

DYDDIAU ARBENNIG
Yn Ynys Manaw y mae dydd Gwener y Groglith yn amser tra-rhagorol i gyrchu'r glannau er mwyn casglu pysg-gregyn.

PRYD I DDECHRAU HWYLIO
Rhybuddid gwragedd morwyr i beidio golchi dillad ar y diwrnod yr hwyliai eu gwŷr rhag i'r llong gael ei golchi ymaith.

Ar doriad gwawr, cyn cychwyn ar y fordaith, arferai llongwyr gyffwrdd â phen blaen y llong. Er mwyn profi lwc dda byddai nifer o'r morwyr hefyd, cyn hwylio, yn poeri dros ochr y llong neu'n gollwng poer ar ddernyn o arian cyn ei daflu i'r môr.

Byddai morwr ar ei ffordd i'w long ac yn gweld rhywun yn dod i'w gyfarfod yn troi'n ôl gan ail ddechrau ei daith ar ôl i hwnnw fynd i'w gyhoeddiad. Digwyddai hynny'n ogystal petai morwr yn cyfarfod person cloff neu wraig hefo llygaid croes. Weithiau byddai pysgotwr o adael ei gartref wedi anghofio rhyw wrthrych go bwysig ond wiw iddo feddwl am ddychwelyd. Petai'n gwneud hynny ni cheid ond anlwc. Fodd bynnag, byddai'n iawn i un o'r teulu redeg ar ei ôl a chyflwyno iddo'r hyn a anghofiwyd.

Cyn dechrau hwylio, ystyrid hi'n anlwcus cyfarfod merch a chanddi wallt coch, ond drwy siarad â hi cyn iddi ddechrau siarad hefo chwi fe ellid sicrhau lwc dda a throi'r felltith honedig ar ei phen! Druan o'r ferch os oedd wedi ei dychryn o'ch gweld ac yn methu torri gair â chwi! Gyda llaw, merch Aegir a Ran, duwiau'r môr ym mytholeg Norwy, ydyw Blooughadda – yr un wallt-goch sy'n cyfateb i liw tonnau'r môr, ac sy'n arwydd o ddioddefiant wedi brwydrau. Gall y lliw coch hefyd gyfleu cryfder, dewrder, gwylltineb, creulondeb a threisgarwch. Yn Tsieina ystyrid coch, gan ei fod mor debyg ei liw i waed, yn arwydd o fywyd a hapusrwydd. Gwêl eraill bod cochni'n symbol o dân sy'n cadw ysbrydion drwg draw, ac wrth brynu popty yn Nhaiwan ceid y fath beth â lliwiau ffodus.

Coch oedd y lliw mwyaf lwcus a gochelid bob tro rhag prynu popty gwyrdd! Mynegodd tad fy nghymar, Mr D. N. Roberts, fferm Neuadd Glasgoed ger Penisa'r-waun, Arfon, rywbeth cyffelyb ynglŷn â bod prynu modur lliw gwyrdd yn anlwcus.

PEIDIWCH HWYLIO DA CHWI AR Y TRYDYDD DYDD AR DDEG
Nid ydyw'r trydydd dydd ar ddeg o unrhyw fis yn amser da o gwbl i hwylio. Yn ddios, arwyddocâd crefyddol sy'n llechu tu cefn i hynny. Ie! Rhif anlwcus 13! Ac y mae'n rhaid dweud bod y rhif 13 yn cael ei gyfrif yn anlwcus yn ogystal gan yr hen Eifftwyr, a phobl Tseina yn yr hen amseroedd. Ond yn Ewrop, ac yng ngweddill y byd, y rhif nesaf at ddeuddeg ydoedd hwn, ac ym myd yr Hebrëwr, mi roedd deuddeg ynddo'i hun yn rif sanctaidd, e.e. deuddeg llwyth Israel. Ceir deg bys ar bob llaw normal, a dwy droed gan fodau dynol, ie, deuddeg yn ei gyfanrwydd, ond mae'r rhif nesaf, sef 13, yn rif na wyddys amdano'n gorfforol! ac felly'n codi amheuaeth ac ofn ar fodau dynol yn yr hen fyd.

Sylwer fel y cewch chwi yma yng Nghymru, o deithio ar hyd ambell stryd mewn pentref, tref neu ddinas, y rhif 12(b) yn hytrach nag 13!

Sylwch hefyd ar rifau lloriau mewn adeiladau, a faint ohonynt sy'n hepgor y rhif 13 ac yn neidio o 12 i 14!

Ni chynghorid yr un enaid byw i fordeithio ar ddydd Gwener oherwydd dyma'r dydd y croeshoeliwyd yr Arglwydd Iesu Grist. Serch hynny, y mae hwylio o borthladd ar ddydd Sul yn cael ei ystyried yn dra lwcus gan ei fod yn ddydd sanctaidd i'r Cristnogion yn ein plith. Credid hefyd mai ar ddydd Sul yr atgyfododd Iesu Grist.

Y mae Dydd Gwener y trydydd ar ddeg yn cael ei gyfrif fel un hynod anlwcus. Daw hyn i'r amlwg yn y Beibl. Ar ddydd Gwener y bwytawyd yr afal enwog yng Ngardd Eden, ar ddydd Gwener y dechreuodd y Dilyw, ar Ddydd Gwener y Groglith croeshoeliwyd yr Arglwydd Iesu Grist. Y mae'r rhif tri ar ddeg yn golygu dinistr a thrychineb. Ar y trydydd dydd ar ddeg yr arferid crogi troseddwyr. Ar y dydd hwn y llosgid gwrachod – anffodusion bywyd yn ddios ac ofergoelion ynghlwm wrth eu tyngedau.

Ceir y rhif tri ar ddeg mewn chwedl o wlad Llychlyn sy'n crybwyll i ddeuddeg o'r hen dduwiau gyd-eistedd a chael pryd o fwyd cyn i'r duw olaf, Loki, gyrraedd y wledd. Cyn bo hir mae'n ymddangos a mynd ben-ben â duw arall, Balder, a oedd yn un o'r duwiau mwyaf poblogaidd ar y ddaear. Rhif tri ar ddeg ydoedd Loki; rhif cynnen, ffraeo, ac anlwc.

Anlwcus yn ogystal ydyw hwylio ar y dydd Llun cyntaf ym mis Ebrill oherwydd mynnir mai hwn ydoedd y dydd y llofruddiodd Cain ei frawd Abel. Peidied neb ychwaith â hwylio ar yr ail ddydd Llun ym mis Awst oherwydd hwn yn y Beibl yw'r union ddydd y cosbwyd dinasoedd anfoesol Sodom a Gomorrah gan beri iddynt gwympo. Ni gynghorid ychwaith yn hwylio ar Rhagfyr 31ain gan mai hwn ydoedd y dydd pryd y crogodd Jwdas Iscariot ei hunan.

LLONGDDRYLLIADAU

Llong-ddrylliad ydoedd llong heb 'run enaid byw ar ei chyfer. Petai creadur o ddyn neu anifail yn medru nofio yn ei ôl ac yn cael ei hunan ar fwrdd y llong, yna ni ellid ystyried y llestr fel un a ddrylliwyd ac ni ellid ei hawlio fel eiddo. Ar fwrdd llong, dylid atal gwydryn rhag tincial neu byddai llongddrylliad yn digwydd.

DEFNYDD O FYSEDD EICH DWYLO

Ni fyddai morwyr tra ar y môr yn codi eu bysedd a chyfeirio at long arall nag yn gwneud hynny hefo gwrthrychau roedd eu hangen arnynt oherwydd credent yn ddi-ffael fod gweithredu yn y fath fodd yn achosi llongddrylliadau.

BAGIAU DUON

Dylid gofalu peidio â chario bagiau duon hefo chwi ar fordaith oherwydd o wneud hynny anlwc a ddaw i'ch rhan. Tybed a ydyw'r lliw du yn atgoffa rhywun o waelodion tywyll y môr? Lliw galar?

POERI TRA AR Y MÔR

Petai morwr yn poeri ar ochr at-wynt y llong a hynny tra'n cychwyn ar fordaith yn union wedi mynd heibio Ynys Wair, (Lundy), ni cheid am weddill y daith ond trafferthion. Ond mi roedd poeri ochr tu-clytaf y llong yn gwbl ddi-fai!

CERDDED ODDI AR LONG

Rhaid ydoedd gofalu, a chwithau ar fin cerdded oddi ar long, neu'n dychwelyd ar ei bwrdd, i gamu ymlaen bob amser, hefo eich troed chwith yn gyntaf! Lwc a'ch dilyna o wneud hynny!

TRIN BANERI

Rhaid wrth ofal wrth ddal baner ar ei hyd ar fwrdd llong. Anlwc ddeuai o ddal cortyn y faner, a hwnnw wedi ei dynnu trwy risiau ysgol ddringo'r llong. Ceid anlwc hefyd o drwsio baner a dynnwyd o'r hwylbren, yn enwedig o gyflawni'r gwaith trwsio ar y pedryfwrdd.

GORDDORAU/GORDDRYSAU/HATSHUS

'Batno'r hatshus' – Gweithred ddrwg ydoedd gadael hatshus yn agored gan fod 'na berygl i ddyfroedd y môr lifo drwyddynt a suddo'r cwch neu'r llong.

'HI' BOB TRO COFIWCH NEU GWAE CHWI!

Yn yr iaith Saesneg cyfeirir at long fel *hi*. Dengys hynny fod personoliaeth arbennig ganddi. Credai'r morwyr fod rhan o enaid y llong yn perthyn i'r ddelw ar ei blaen.

CLYCHAU

Yn ystod llongddrylliad daliai cloch y llestr i ganu. Yng Nghernyw clywid cloch o fyd yr ysbrydion yn canu o fedd hen gapten môr yn Sant Levan, a golygai hynny anffawd i'r sawl a'i chlywai. Os clywir cloch yn canu'n ddi-baid ar long heb yr un bod dynol yn ei chyffwrdd yna mae trychineb ar fin digwydd. Byddai morwyr yn credu bod rhan o enaid llong yn perthyn i'w chloch.

O glywed clychau'n tincial yn y pellter tra ar fordaith yna byddai farw cyn cyrraedd y lan rhyw druan bach ar fwrdd y llong.

Ar hanner nos union, ar noswyl Calan, cenir cloch llong wyth gwaith gan aelod hynaf y criw i goffáu'r hen flwyddyn, ac wedyn wyth gwaith yn olynol gan yr aelod ieuengaf, a hynny er mwyn derbyn y flwyddyn newydd ar fwrdd y llong.

LISTIO A BALLU

Credir bod llong sy'n gwyro (listio), i'r starbord, neu'r ochr dde, yn arwydd o lwc ond os ydyw'n gogwyddo tuag at y porthladd yna arwydd o anlwc ydyw hynny.

BODDI'N Y MÔR

Rhaid oedd gofalu peidio ag ynganu 'boddi'n y môr' tra ar fordaith. Nid gweddus yn ôl morwyr Dwyrain yr Alban ydoedd dweud *bhàthadh e,* sef 'ei fod wedi boddi' ond fe ellid defnyddio'r geiriau *shiubhail e.* sef 'y mae o wedi teithio'.

Ni ellid, ebe'r morwyr, wadu hawliau'r moroedd i fywydau dynol nag ychwaith geisio newid ddim byd fel arall. Doedd dim diben ceisio dianc rhag hynny. Yn aml byddai morwyr ar fwrdd llongau yn gwrthod achub aelodau o'r criwiau a ddisgynasant i'r dyfnfor gan y tybient ei bod hi'n amser i'r eigion yntau hawlio eneidiau bodau dynol. Pe achubid morwr o'r tonnau credid y byddai rhywun arall o'r llong yn marw ymhen amser. Ymhlith morwyr Ffrainc coleddid y gred os byddai i forwr foddi'n y môr, yna byddai ei wraig gartref yn y tŷ yn clywed dafnau dŵr yn cwympo.

Byddai ambell hen forwr yn gwisgo clustdlysau syml wedi eu gwneud o aur i'w cadw rhag boddi! Yn hanes llong y *Royal Charter* a aeth ar y creigiau ger Moelfre, Ynys Môn, yn 1858, honnir mai'r aur a gludid yng ngwregysau rhai o'r teithwyr a fu'n bennaf gyfrifol am eu marwolaethau.

BREITHELL MEWN CWDYN NEU BWRS

Golygai cludo breithell y byd yn grwn i ambell forwr. Darn o groen wedi'i sychu ydoedd, a gedwid mewn cwdyn sef pwrs bychan ar gadwyn a hongiai o amgylch y gwddf. Haen denau o groen sy'n amgylchynu baban yn y groth ydyw'r freithell. Byddai morwyr yn cludo'r freithell mewn cwdyn hefo fo i bobman tra ar fordeithiau. Credai y byddai'n ei achub rhag boddi.

Yn hen sir y Fflint arferai bydwragedd werthu'r crwyn a hualai wynebau plant bach newydd-anedig i longwyr. Credai'r morwyr y byddai'r breithellau yn eu cadw'n ddiogel tra ar fordeithiau.

Ceir coel arall hefyd sef bod y fam, nad oedd yn rhy awyddus i werthu breithell ei baban, yn coelio y deuai'r croen â lwc dda i'r un bach. Byddai hi'n credu y byddai ei baban, wedi iddo dyfu'n ddyn, byth yn boddi ond iddo gadw'r freithell yn ddiogel tra'n croesi'r moroedd. Os byddai'r freithell oddi amgylch ei wddf ni ddryllid unrhyw long y digwyddai deithio arni.

CLADDEDIGAETHAU AR Y MÔR

Os cleddid morwr ar y môr byddai gweddill y criw ar y llong neu'r gwch yn dweud bod yr ymadawedig wedi mynd i 'Lasdir y Ffidler'.

Pe byddai i rywun waelu ar fwrdd llong credid y byddai farw os na welid tir. Peth gwrthun i'r morwr oedd cadw corff marw ar fwrdd llong. Pe byddai'n rhaid cludo corff rhywun enwog adref i'w gladdu, rhaid fyddai i'r corff orwedd ar draws rhediad y dec gan y byddai ei osod i orwedd gyda rhediad y llong yn siŵr o ddod â dinistr arni a phawb ar ei bwrdd. Pan gyrhaeddid y porthladd, rhaid oedd i'r corff adael y llong o flaen unrhyw enaid byw.

Arferiad a berthyn i ran o'r Alban ydoedd claddu delwau bychain a wnaed o bren a'u gosod mewn eirch, yr un mor fychain, i gynrychioli, fe dybir, pobol a fu farw rhywle ar y môr. Tybir mai gweddwon morwyr a ofalai bod eu partneri'n cael eu priddio adref fel hyn. Darganfuwyd eirch bychain fel hyn gerllaw Caeredin, mewn man a elwir Sedd Arthur. Y maent bellach yn cael eu harddangos yn Amgueddfa Genedlaethol yr Alban.

CYFLWYNO CORFF MORWR I'R EIGION
Rhoddid y corff mewn canfas a gosodid pwysau wrtho. Y gwneuthurydd-hwyliau a ofalai wrth baratoi'r corff a'r canfas fod y bwyth olaf un yn turio drwy drwyn yr ymadawedig, a byddai'n cael potel o rwm am ei drafferth.

GWISGO DILLAD MORWR A FU FARW AR LONG
Golygai hyn drychineb ym mywyd y morwr a hyd yn oed ddiwedd ar y llong y gweithiai arni.

BWYTA BARA AR AMSER PENODOL
Y mae dernyn o fara a gymerwyd o dorth a bobwyd ar Ddydd Gwener y Groglith bob amser yn dyfod â lwc dda i forwr ar fordaith.

CHWIBANU
Peidiwch chwibanu.
Credir bod chwibanu'n rhy agos i'r arfordir yn peri i wyntoedd anffafriol godi. Ni ddylid dynwared y gwynt ychwaith ar unrhyw gyfrif.

Dywedir bod yn gas gan forwyr glywed chwibanu oherwydd dyna'r arwydd cyntaf a roid i rai'n gweithredu'n erbyn eu meistri pan fyddai hi'n fiwtini ar fwrdd llong.

Yn Abergwaun digwyddodd gŵr o'r enw Ferrar Fenton gyd-gerdded ger y traeth hefo capten llong pan ddechreuodd Fenton chwibanu. Rhybuddiwyd Fenton gan y capten i beidio â chwibanu. Wedi ei holi, atebodd y capten fod morwyr yn ofergoelus ynghylch chwibanu tra yng ngolwg y môr. Ystyrid chwibanu fel siarad hefo'r diafol. Bu i'r capten hefyd edrych i gyfeiriad y Gorllewin a dweud wrth Fenton: 'Welwch chi'r cymylau yn dechrau casglu at ei gilydd uwchben Pen-caer? Mi fydda' i'n tosturio wrth y morwyr pan fydd y gwynt 'na'n corddi'r sianel'.

Gwaherddid chwibanu hyd yn oed ar y Sul. Dywedir bod chwibanu yn un o'r cyhuddiadau a dducpwyd yn erbyn yr Esgob Robert Ferrar, y merthyr a losgwyd ar gyhuddiad o heresi yn nhref Caerfyrddin yn 1555. Bu i un o'i weision ddwyn tystiolaeth yn ei erbyn drwy ddweud iddo ei weld tra gartref yn Abergwili yn cario'i fab bychan yn ei freichiau a chwibanu. Carcharwyd Ferrar am ymddwyn yn anweddus yng nghyfnod Edward y Chweched. Mae'n debygol nad yw'r hen ofergoel wedi marw oherwydd clywyd canu hyfryd droeon mewn cychod mewn mwy nag un bae ar arfordir Sir Benfro ond ni chofir glywed unrhyw chwibanu.

Meddai David Jenkins, Uwch Guradur Amgueddfa Genedlaethol y Glannau, Abertawe; 'Gwn o brofiad personol yn ein cwch yn Aberporth ers lawer dydd nad oedd chwibanu yn dderbyniol, gan ei fod yn galw'r gwynt'.

Ceid yr un goel yn yr Alban ble'r ystyrid hi'n anlwcus chwibanu ar y môr a hynny rhag iddi godi'n storm.

Yn fwy rhyfeddol fyth, y cogydd ar fwrdd llong oedd yr unig un a oedd yn cael chwibanu – oherwydd tra roedd o'n chwibanu allai o ddim mynd ati i fwyta cinio'r morwyr!

Ond beth petae'r môr yn dawel a bod angen tipyn o wynt ar long hwyliau? Gellid yn wir, gyda gofal o'r mwyaf a hynny pan fo'r môr yn hollol llonydd, roi cynnig ar chwibanu a gwneud hynny'n isel ddigon, gan groesi eich bysedd nad gwynt blinderus a ddeuai'n sgil hynny! Ystyria morwyr o Gernyw bod chwibanu ar longau yn codi awelon tra bendithiol.

Fe allai gwynt godi o'r cyfeiriad anghywir a hyd yn oed hyrddwynt, a byddai'n rhaid gofalu chwibanu'n ddistaw hefyd, gan ofalu chwibanu i'r union gyfeiriad y disgwylid i'r gwynt godi ohono.

Ni châi benywod chwibanu o gwbl ar fordeithiau. Yn yr hen amser, dynion yn unig a fyddai â'r hawl i chwibanu. Y merched druain bach! Mewn amseroedd o'r fath, hyd yn oed ar dir sych fel yn achos chwibanu ar y môr, denu'r ferch neu'r gwynt at ddyn a wna bob chwibaniad!

Cred morwyr bod chwibanu yn beth peryglus i'w wneud ar fwrdd llongau gan y gall gwyntoedd droi'n ystormydd ond mi all fod o fantais hefyd pan fo gwyntoedd a cherrynt wedi llonyddu. Gelwir hynny'n 'fôr tir'. Bu i'r Capten Richard Tudor o Bwllheli a'i griw, tra mewn ras hwylio o gwmpas y byd, chwibanu am y gwynt pan oeddynt yn y Doldrums. Mi weithiodd pethau o'u plaid gan iddynt ennill y cymal cyntaf i Rio!

Beth mewn gwirionedd sydd ynghlwm wrth y goel ei bod yn anlwcus chwibanu tra ar fordaith neu hyd yn oed ar lan y môr? Rhaid cofio sut fyd a bywyd oedd ohoni. Byddai'n rhaid tynnu drwyddi waeth beth fo'r tywydd. Rhaid ydoedd bod yn gyfeillgar hefo'r weilgi a pheidio â'i gythruddo. Byddai'r llongwyr yn mynd ati ar bwrpas i geisio osgoi creu gelyn o'r môr.

OFFERYNAU A CHANU
Yn Annam, y Môr Tawel, sonnir am ffliwt hudol, un euraidd, a roddwyd yn rhodd i frenin y wlad honno gan y Crwban Euraidd. Bob tro y byddai'r brenin yn rhoi chwythiad ar y ffliwt, byddai awel oer, braf yn codi o'r cefnfor, ac mor fendithiol fel y bo hi'n gwella pobl o'u clefydau ac unrhyw anhwylderau oedd arnynt. Ond petai rhywun arall yn canu'r ffliwt yna ni fyddai ei grym hudol yn ymddangos, a fyddai dim byd yn digwydd.

Bydd merched pysgotwyr gwlad Nuforese (Jaya Irian), yn arfer cyfarch y lleuad drwy ganu; ac wrth gyflawni hynny'n gofalu bod eu dynion ar fordeithiau'n cadw'n iach.

DAN Y GOBENNYDD
Yn wahanol i'r rhieni o Gymru a rydd ddant plentyn oddi tan obennydd er mwyn eu cyfnewid am roddion gan y tylwyth teg, y mae lluniau o'r drysor-long *Takara-Bune* hefo ei Saith duw-lwc-dda yn Siapan yn cael eu gosod bob amser dan obennydd yr hen blantos er mwyn iddynt gael breuddwydion llawn dymuniadau da.

LE BOSJ
Yn Audierne a phorthladdoedd eraill yn Finistère eid ar ofyn offeiriaid i gael gwared o'r ysbrydion drygionus ar fyrddau cychod a llongau. Pe methai'r offeiriaid hefo'r goruchwylion o ddileu'r

drygioni, arferid lladrata gwair a'i danio tra'n morio yn ystod y nos, dan weiddi, 'Mae'r diafol ar fwrdd y llong'. Achosai hyn gryn gynnwrf hefo'r dynion yn rhuthro'n wyllt oddeutu, a'r *Le Bosj*, sef yr ysbryd drygionus, yn ei ddychryn yn llamu oddi ar y llong i'r môr.

YSBRYDION, GWRACHOD, A'U CASTIAU
Tra'n hwylio'r moroedd arferai rhai o'r morwyr wisgo codynnau bychain ynghlwm wrth leinin eu siacedi neu eu jersys. *Louzou* neu *sachet magique* y galwai morwyr o Lydaw gwdyn o'r fath. Cwdyn hud ydoedd. Bu i hen forwr o'r enw Pobet-coz, brodor o Audierne, golli ei *louzou* oherwydd bod twll yn leinin ei siaced. Taflodd un o'r criw y cwdyn i'r môr, ac o'r dydd hwnnw nid oedd fawr o drefn ar Pobet-coz druan bach!

CNOTIADAU
Yn yr Alban, yn enwedig yn Moray Firth, hefyd Portessie, ac Arderisier, arferai pysgotwyr môr gludo cnotiadau hudol ar eu cyrff tra'n hwylio. Prynent y rhain gan ddoeth-wragedd ar y tir mawr. Tri cwlwm ar edau oeddynt a rhaid oedd sibrwd swyn ganeuon tra'n eu defnyddio. Os yn dymuno awelon tra ar fordaith, rhaid oedd dadglymu'r cwlwm cyntaf ar yr edau; dad-wneud yr ail gwmwl a ofalai am wynt cryf, ond rhaid oedd gofalu peidio cyffwrdd nac ychwaith ymyrryd hefo'r trydydd cwlwm gan y byddai'n golygu ennyn sylw corwynt.

HEN ARFERIAD HYNOD DDIDDOROL
Yn Île-de-Sein, Llydaw, ceid bara coch a hongiai o'r distiau'n ngheginau tai'r morwyr. Byddai'r bara ar ffurf llong ac iddi hwyliau wedi eu creu o bapur. Bob blwyddyn yn ystod y Sul cyn yr Adfent byddai capteiniaid llongau yn gwahodd eu criwiau i swpera. Gelwid yr achlysuron yn *fest ar vag* sef 'gwledd y llong'. Ceid gwledd i'w gofio – cawl, cigoedd, llysiau, teisennau, a byddai pob morwr yn cael litr o win i'w yfed. Gofalai'r criwiau hefyd ddyfod i'w canlyn ddigonedd o frandi! Ar ddiwedd y wledd byddai pawb yn sefyll ar ei draed ac yn tynnu'u capiau gan eu dal yn eu dwylo. Yna, byddai'r gŵr hynaf ymhlith y criwiau yn tynnu'r llong fara o'r distiau, ei thorri a'i

rhannu. Credid bod y ddefod gysegredig hon yn uno'r dynion, gyrff ac eneidiau.

Yna, cymerai un o'r dynion ato dorth ffres. Fe'i troid yn llong yn union fel yr hen un a fwytawyd ar ddiwedd y wledd. Wedi salwtio'r llong newydd sbon danlli deirgwaith adroddid y *Veni Creator*. Wrth ddweud gras fel hyn terfynid y wledd am flwyddyn arall.

BWYTA BARA AR AMSEROEDD PENODOL YNG NGHYMRU
Deuai lwc dda i ran bob morwr a fyddai'n bwyta tafell o dorth a bobwyd yn ffres ar Ddydd Gwener y Groglith.

Creaduriaid ymhlith y tonnau

Weithiau fe olchid creaduriaid ar y traethau; dro arall tarawid arnynt tra ar fordeithiau. Ond yr un ydoedd yr ymatebion tra'n rhyfeddu a dyfalu, yn enwedig os y digwyddid daro ar greaduriaid a oedd yn gwbwl ddieithr i'r morwyr. Byddai'r anwybodaeth, os y gellid ei alw'n hynny, yn ffurfio'n hanesion rhyfedd, a'r rhain wrth fagu nerth dychymyg yn tyfu o nerth i nerth – a'r naturiol yn troi'n rhywbeth cwbwl annaturiol. Rhoi rhaff go hir i ddychymyg!

Roedd Pliny yr Hynaf (23-79 O.C.) yn tystio bod creaduriaid rhyfeddol yn perthyn i'r eigion ac y mae'n debygol mai'r seirff-môr oedd gan Aristotle dan sylw'n ei *Histori Animalium* tra'n crybwyll greaduriaid rhyfeddol ymhlith y tonnau.

Roedd yr hen Geltiaid hwythau'n rhyfeddu at greaduriaid a ymddangosai rhyw damaid yn wahanol. Gorau oll os oeddynt yn geffylau a drig yn y môr.

Beth yn union a welwyd? Ai creaduriaid naturiol nas gwelwyd erioed cyn hynny? Beth oedd yn gyfrifol am greu y ffasiwn bethau a elwid anghenfilod, a pham nas cofnodwyd hwy fel gwrthrychau gwyddonol digon naturiol? Tybed beth oedd yn llechu wrth i ddynion weld, ond eto methu creu cofnodion cywir a dilys o'r hyn a welwyd?

Mae enghreifftiau dirifedi o anghenfilod ymhlith tonnau'r môr ar gof a chadw yn chwedloniaeth a mytholeg yr hen Roegiaid, er enghraifft, fel y gwelir isod.

KETEA
Y rhain ydoedd yr anghenfilod a drigai yn nyfnder eithaf yr eigion. Mynnodd Poseidon bod un ohonynt yn difa dinas Caerdroea yng ngwlad Groeg, ond bu i Heracles ei ddinistrio. Cafodd un arall o'r Ketea, ei anfon i Ethiopia er mwyn cosbi'r trigolion, ond fe'i dinstriwyd gan Perseus.

KHARYBDIS
Daemoniad anferthol ydoedd hon, a gartrefai ynghanol y llanw a thro-byllau. Fe'i cadwynwyd i wely'r dyfnfor. Ei hanadliadau sy'n achosi bod y moroedd yn codi a gostwng.

KEKHIDNA
Dreiges enfawr. Hanner-sarff a nymff, ac wedi ei geni o'r sorod (yr ych-a-fi go iawn) a berthyn i'r moroedd. Cysylltir y sorod efo Phorcys a Ceto, duwiau'r moroedd. Bu iddi, o ganlyniad i'w pherthynas â Typhoeus, eni nifer o anghenfilod bwystfilgar, oll yn perthyn i ddyfroedd yr eigion.

Y GORGONIAID
Daemoniad a lechai'n yr eigion; rhai tra anferth. Roedd ganddynt adenydd, crafangau ac ysgithrau.

LADON
Sarff-fôr â chan pen. Mab Phorcys a Ceto. Goruchwylia'r rhan orllewinol y môr, a'r ynys Hesperide, ble tyfai'r afalau euraidd.

SEIRNES
Roedd gan y tair daemon yma gyrff adar a phennau gwragedd. Fe'u hystyrid yn fodau eithriadol o beryglus. Nhw oedd yn gyfrifol am ddenu morwyr i'w marwolaeth, ac i gyflawni hynny mi fyddent yn mynd ati i ganu. O weld llong Odysseus yn hwylio'n ddi-anaf heibio, bu iddynt lamu i'r eigion.

TELKHINES
Daemoniaid anferthol a oedd yn trigo ar ynys Rhodes, ac yn ymarfer dewiniaeth. Byddent yn achosi ystormydd, neu, i'r gwrthwyneb, sychder. Perthyn iddynt nerthoedd y llygaid anafus. Bu i'r duwiau eu claddu yn nyfnderoedd yr eigion.

TIPYN O HEN GRANC!
O wlad Groeg y daw'r gair *Karkinos*, sef cawr o granc sy'n bodoli yn chwedloniaeth y wlad. Ochrodd Karkinos hefo Hydra mewn brwydr waedlyd yn erbyn Heracles. Bu bron i'r cawr hwnnw ei ladd drwy fathru'r cranc anferthol dan ei droed a'i daflu i ganol sêr y gofod, ble daeth yn rhan o'r cytser a elwir Canser.

Cwbl amhosibl ydyw pennu dyddiadau i'r chwedlau uchod gan eu bod yn rhan o chwedloniaeth fyd-eang. Ymgorfforir ynddynt goelion, hanesion ac ymadroddion, a drosglwyddwyd ar lafar o un person i'r llall, o deulu i deulu, o'r naill genhedlaeth i'r nesaf.

Ond nid yng ngwlad Groeg yn unig y mae anghenfilod mytholegol a drig yn y môr.

JISHI-IM-UNO
Siapan. Yr anghenfil hwn oedd yn creu daeargrynfeydd, a chodi lefel dŵr y môr.

JIN LAUT
Indonesia a Jafa. Cythraul, a gwas Duwies y Cefnfor Deheuol. Ei gryfder ydoedd medru eistedd ar ddwyfron bod dynol a'i ladd.

MAKARA
Bali, Jafa, a Thai. Anghenfil ar ffurf draig a elwid 'pysg-eliffant'. Y mae gan hwn lygaid sy'n chwyddiadau enfawr yn ei ben, ac mae ei ddannedd lluosog yn gyrru pob ysbryd aflan ar ffo.

NGANAOA
Seland Newydd. Arwr o blith y Maori ydyw hwn. Bu iddo ladd tri anghenfil o'r môr. Yn ystumog un o'r anghenfilod canfyddodd yn fyw ei dad, Tairi, a'i fam a oedd wedi bod ar goll ers amser maith.

PAIKEA
Polynesia. Duw Anghenfilod y Môr a mab Papa. Yr enw arno yn Hawaii ydyw *Paiea* sef 'cranc cragen feddal'.

RYUJIN
Siapan. Draig-dduw ydyw ond y mae hefyd yn Frenin y Môr. Bydd yn rheoli bob llanw hefo'r defnydd celfydd a wna o'i emau hudol: Gemau'r Llanw Uchel, a'r Llanw Isel.

Y mae gan Rujin geg anferthol ac yn ei deyrnas oddi tan donnau'r eigion ceir Llys y Ddraig, palas aml-lawr a amddiffynir gan amryw o ddreigiau.

Dywedir bod hwn yn bodoli ger ynysoedd Ryu Ky ac wedi ei adeiladu o goral gwyn a choch. Yno, ceir pysgod dynol sy'n

85

gwasanaethu'r Brenin. Ei weision a'i forynion ef ydynt ac yn rhan anhepgor o'i lys. Y mae'r neuaddau i gyd yn dilyn patrymau wedi eu seilio ar dymhorau'r flwyddyn. Ar yr ochr ddwyreiniol ceir Neuadd y Gwanwyn, tra ar yr ochr ddeheuol saif Neuadd yr Haf. Ar yr ochr orllewinol ceir Neuadd yr Hydref, ac ar ochr ogleddol yr adeilad lleolid Neuadd y Gaeaf, ble y ceir eira ar hyd y flwyddyn. O gael mynediad i'r palas ni ddylai bodau dynol fyth feddwl am ddychwelyd adref oherwydd y mae treulio un dydd yn y ffasiwn le cyfystyr â byw can mlynedd ar y ddaear.

Y GEMAU DISGLAIR A BERTHYN I'R LLANW
Siapan. Penderfynodd Jingo, Ymerodres Siapan, ymosod ar Korea. Bu iddi weddïo am gymorth Rujin, a danfonodd Isora, duw'r traeth, i balas y duw-môr. Cafodd Jingo ganddo'n rhodd emau'r llanw. Hwyliodd hithau hefo ei llynges tuag at Korea. Daeth llynges y wlad honno i'w cyfarfod. Taflodd Jingo'r Em Llanw Isel i'r môr, a dyna'r llanw yn troi'n ddistyll, a chanfu llynges Korea eu hunain ar draethell yn hytrach nag yn hwylio'r môr. Bu iddynt neidio o'r llongau a dyna pryd y gwelodd Jingo ei chyfle. Taflodd yr Em Llanw Uchel i'r eigion a boddwyd y gelyn. Dinistriwyd llynges Korea. Hwyliodd hithau ar ben llanw i Korea. Yn ddiweddarach bu i Frenin y Môr, Rujin, gyflwyno gemau'r llanw i'r tywysog Ojin, mab Jingo. Fe'u gosodwyd oll ar gragen-fôr hynod hardd.

BLEDMALL
Yr Iwerddon. Creaduriaid ffyrnig sy'n ymgartrefu yn y dyfnfor.

NADREDD/SEIRFF MÔR
Ymddengys y sarff-fôr fel creadures fytholegol a llên-gwerinol led-led y byd. Yn y dyfnfor y mae hi'n trigo ac o dro i dro fe'i gwelir gan forwyr. Mae'r traddodiadau a'r hanesion am yr hen greadures yn ymestyn ymhell bell yn ôl. Yn yr Hen Destament dyma'r lefiathan (y Rahab) sy'n ymladd Duw Dad, ac y mae hi'n llawer tebycach i ddreiges na dim byd arall.

Ar arfordir Siapan mae ynysoedd Oki ac yno ar un amser roedd sarff-fôr, ddeng troedfedd ar hugain o hyd, yn byw mewn ogof yn y cefnfor. Gwarchodai berlau amhrisiadwy a cherflun o dduw drygionus. Roedd gan y creadur hwn bedair coes i gyd â chrafangau miniog iddynt; dannedd yr un mor finiog a chynffon eithaf hir. Yr oedd y sarff yn llathr-wyn ac yn goleuo fel petae'n berl. Yn flynyddol aberthid iddi enethod ieuainc ond un tro bu i ferch ddewrach na'r lleill nofio at yr ogof a thrywanu'r sarff-fôr hefo cyllell finiog yn ei llygaid a'i dallu. Bu i'r ferch hefyd drywanu'r sarff yn ei chalon a'i lladd.

Y FENAI

Adroddwyd yn y *Daily Post* yn 2004 hanes am neidr-fôr yn ymosod ar long yn y Fenai yn 1805. Disgrifir rhyw bryf genwair neu fwydyn enfawr yn dilyn y llestr. Cyn bo hir dringodd y greadures yn y dŵr ar fwrdd y llong drwy dwll y llyw, a chlymu ei hunan wrth yr hwylbren. Gallwch ddychmygu pawb yn llawn dychryn a ffwdan o weld neidr-fôr ar y llong, ond dyma nhw'n ymwroli ac mynd ati'n eofn i ymosod arni hefo rhwyf. Llwyddwyd i'w gyrru dros yr ochr. Bu i'r greadures wedyn eu dilyn am dalm o amser ond pan ddaeth mymryn o awel o rywle diflannodd o'r golwg.

Dywed George Borrow yn ei lyfr *Wild Wales* (1862), iddo daro ar hanes y digwyddiad uchod yng nghylchgrawn *Y Greal*. Sonnir fel y bu iddo adrodd y stori wrth forwyr mewn tafarn yn y Felinheli, Arfon, pryd y dywedodd un ohonynt mai enw'r llong ydoedd *Robert Elis*, a'i fod yn cofio ei henw ers yn blentyn, ond nad ar y Fenai y digwyddodd hyn i gyd!

Ysgrifennodd 'Arfonig' mewn llythyr at olygydd *Y Brython* ym Mehefin 1861:

Syr: Wrth droi dalenau'r Greal am y fl. 1805, daethum ar draws yr hanesyn canlynol:- Ar ddydd Sul, y 14eg o Orffennaf diweddaf, pan oedd llong Robert Ellis, o'r Traeth*, o gylch dwy filltir allan yn y môr, ar gyfer Pen Ychain+, a'r hin yn bur dawel, y dynion yn y llestr a welent ryw bryf yn nofio ar eu hôl, ac yn nesau atynt yn lled fuan, ond ar ei ddyfodiad yn agosach, canfuasant mai neidr oedd, â'i phen o gylch troedfedd allan o'r dŵr.

Pan ddaeth at y llestr dringodd i fyny drwy dwll y llyw, ac yna aeth i ymguddio tan bren ar y bwrdd canol. Ymgynghorasant y morwyr ei thaflu yn ôl i'r dŵr, a hynny a wnaethant gyda rhwyf, a hi a baraes i nofio eilwaith ar eu hôl, nes codi o awel, ac yna ar fyr collasant yr olwg arni.

* *Traeth* – Y Traeth neu y Traeth Mawr, oedd yr enw cyffredin ar lafar gwlad am Borthmadog
+ *Pen Ychain* – y gelwir y trwyn sydd yn rhedeg i'r môr rhwng Cricieth a Phwllheli.

Y GOGARTH FAWR, LLANDUDNO

Ym Medi 1882 gwelodd nifer o lygaid-dystion neidr-fôr yn nofio yn y dyfroedd o gwmpas Y Gogarth Fawr. Dywedwyd ar y pryd ei bod, o bosib, yn ddau gan troedfedd o hyd. Symudai'n llawer cyflymach nag unrhyw long, ac yr oedd ei symudiadau troellog yn rywbeth i'w ryfeddu ato. Dywedir bod pedwar crwmach ar ei gefn.

TRAETH COCH, YNYS MÔN

Yn 1975 cafwyd sawl adroddiad gan y cyhoedd iddynt weld creaduriaid rhyfeddol yn y môr. Gwelwyd creadur go ryfedd hefo cynffon yn yr amlwg wrthi'n nofio yn Nhraeth Coch. Bu iddo hefyd lusgo ei hunan ar y traeth.

YR AFON MENAI, GER PONT BRITANNIA

Yn *Papur Menai* yn 1977, argraffwyd ffotograff o Derek Owen, pysgotwr o fri o Lanfaipwllgwyngyll, Ynys Môn, a'i hanes yn dal anghenfil yn y Fenai. Daeth dau anghenfil anferth i'r golwg, a llwyddodd Mr Owen i fachu un ohonynt. Bu wrthi am ddwy awr cyn glanio'r anghenfil, a bwysai dros gan pwys yn ôl Mr Owen. Creadur llwydlas ydoedd gydag olion dau gorn ar ei ben.

Y mae'n debyg, meddai Julian Carter o Amgueddfa Genedlaethol Cymru, mai'r llysywen Ewropeaidd (*Conger conger*; teulu *Congridae*) a welwyd yn y Fenai. O blith y tylwyth hwn y fenyw sydd fwyaf ran ei maint, ac yn aml yn ei llawn dŵf yn pwyso rhywle dros gan pwys. Un o'i chynefinoedd ydyw'r Fenai.

ABERDAUGLEDDAU, PENFRO

Yn 2003 daeth neidr-fôr yn ôl pob sôn, i borthladd Aberdaugleddau. Disgrifiwyd hi ar y pryd yn y *Western Mail* fel creadures dywyll, yn gyffelyb i neidr, a'r un hyd â phedwar i bum modur.

Gwelwyd hi'n curo'r dŵr hefo'i chynffon oddeutu deng metr oddi wrth dafarn y Shipwright ger Aberdaugleddau. Yna, hefo tro'n ei chynffon, diflannodd oddi tan y tonnau gan nofio tuag at Ddoc Penfro.

YR ALBAN
CIREIN CROIN

Yr Alban. *Ton-lwyd* ydyw'r ystyr arall iddo. Y mae'r anghenfil hwn, tra'n gwledda, yn medru bwyta saith morfil. Fe'i gelwir hefyd yn y Gaeleg wrth yr enwau *mial mhor a' chuain* (y bwystfil anferthol sy'n trigo yn y cefnfor); hefyd *curtag mhor a' chuain* (y trobwll mawr sy'n y cefnfor). Adwaenir hefyd fel *Y Fôr Neidr*. Fe'i disgrifir mewn hen rigwm yn y Saesneg fel a ganlyn:

> Saith pennog a leinw fol eog,
> Saith eog a leinw bol morlo,
> Saith morlo a leinw bol morfil,
> A saith morfil a leinw Cirein Cróin.

Mae ymadrodd arall yn tarddu o'r Alban sy'n mynegi bod saith *Cirein Cróin* fel 'bol y diafol mawr ei hunan'. Enw arall ar y neidr-fôr Cirein Cróin ydyw *uile-bhéisd-a-chuain* sy'n golygu anghenfil y môr. Ar un cyfnod mewn hanes pwll tro neu fôr-neidr o'r Edda a amgylchynai'r holl fyd ydoedd Cirein Cróin, yn ôl ymchwil gan John Gregson Campbell yn ei gyfrol *Superstitions of the Highlands and Islands of Scotland* (1990).

Yn ddios ceir creaduriaid o gryn faint yn byw'n yr eigion, ac ni ellir ond meddwl am forwyr yn gweld y rhain am y tro cyntaf ac wedi eu llwyr gyfareddu ganddynt – gymaint felly hyd nes rhoi'r dychymyg ar waith gan greu rhywbeth cwbl annaturiol o'r naturiol (er eu bod yn gwybod hyd sicrwydd, neu hyd yn oed yn lled-amau mai neidr-fôr a welsant!). Yn aml gall tomenni o wymon sy'n arnofio ar frig y tonnau neu hyd yn oed lamhidyddion wrth iddynt nofio'n rhibidires tu ôl i'w gilydd beri i lygaid dynol feddwl mai sarff enfawr a welsant.

Yr un a fyddai'r effaith tywyllodrus o weld siarcod drwynau wrth gynffonnau ei gilydd; nemertiaid, sef math o bryfed môr sy'n fflat ac yn tyfu hyd ddeng metr (tri deg a thri o droedfeddi); a physgod rhubannog (teulu'r *Trachipteridae*) a geir ym moroedd yr Arctig, yr Iwerydd, y Tawel (Pasiffig), India a'r Canoldir.

Gall rhai o deulu'r nadredd-môr, yn enwedig rhai o blith *Trachipterus arcticus*, sydd â chyrff hirion a llygaid mawrion, dyfu hyd ddau pwynt pump metr (wyth troedfedd) o hyd.

Yna ceir pysg-rwyfau (*Regaleus*) a'r morloi – pan nofia'r rhain i gyd ar brydiau yn rhesi, gellid twyllo'r llygaid a rhoi cam argraff bod rhywbeth anghyffredin yn y dyfroedd.

Sgwidiau – hyd y gwyddys y mwyaf o'r sgwidiau ydyw'r *Architeuthis sp.* Mesurai un a ganfyddwyd yn Newfoundland, Canada yn y flwyddyn 1878 bum deg a phum troedfedd o hyd.

CROCODILAU SY'N BYW'N YR EIGION (*Crocodylus porosus*)
Ugain troedfedd a dwy fodfedd o hyd ydyw'r mwyaf a gofnodwyd hyd yma. Fe'i canfyddwyd yn Nhiriogaeth Ogleddol Awstralia yn 1960.

DISGRIFIADAU O'R NADREDD-MÔR
Y mae nifer o ddarluniau ohonynt wedi eu cynnwys yn llyfr Olaus Magnus, *Historia de Gentibus Septentrionalibus*, a gyhoeddwyd yn Rhufain yn 1555. Archesgob Upsala ydoedd Olaus Magnus. Diddorol nodi i'r Esgob Hans Egade, ar ei daith genhadol o Norwy i'r Ynys Werdd, gofnodi, tra ar y môr, iddo weld sarff-fôr yn y flwyddyn 1734. Cododd yr anghenfil ei ben, ebe Egade, cyn uched â hwylbren y llong. Creadur tebyg i grocodeil ydoedd, a chwythai ddŵr i'r awyr, yn union fel y gwna unrhyw forfil. Caplan yr Esgob Egade ydoedd un o'r teithwyr ar y pryd, a gwnaeth lun o'r anghenfil er mwyn ei roi yn y llyfr a ysgrifennodd yr Esgob.

Mae mewn bodolaeth ddarlun o neidr-fôr a elwir Sarff-fôr Caerloyw yn dyddio o'r flwyddyn 1817.

Golchwyd i'r traeth rywbeth tebyg i'r neidr-fôr ond a elwir yn *rhwyf-bysgodyn* ym Mermiwda ar y trydydd o fis Mawrth, 1860. Mesurai'r creadur un droedfedd ar bymtheg o hyd.

Ar y 24ain o Dachwedd, 1877, tra'n llywio'r llong *Sacramento* ar fordaith o Efrog Newydd i Melbourne, Awstralia, bu i forwr weld sarff-fôr.

CYFEIRIADAU ERAILL AT SEIRFF-MÔR

Y mae Gunner o Drontheim yn eu crybwyll yn ei lyfr ar Lapland yn 1767, a cheir hanes un ar ochr orllewinol yr Alban yn 1808, pryd y dychrynodd weinidog yr Efengyl.

Bu i forwyr ar fwrdd *HMS Fly* tra yng Nghulfor Califfornia daro ar sarff-fôr yn y flwyddyn 1838.

Ddeng mlynedd yn ddiweddarach edrydd capten a nifer o griw y llong *HMS Daedalus*, tra ar fordaith i Orllewin Affrica, iddynt weld môr-neidr a oedd yn chwe deg troedfedd o hyd, a'i phen allan o'r dŵr.

Yn 1850 gwrthdrawodd llong yr *Alpha* hefo sarff-fôr. Chwarter canrif yn ddiweddarach gwelodd rhai o'r criw ar fwrdd y barc *Pauline,* fôr-neidr yn ymosod ar forfil ger Brasil.

Dyna hefyd a welodd capten y *Kinshiu Mari* yn 1879, a thebyg i grocodeil ydoedd disgrifiad o'r anghenfil a welwyd yn ymyl Seland Newydd yn y flwyddyn 1891. Yn 1893 y cyfan a welodd capten a rhai o deithwyr yr *Umfili* ydoedd pen a gwddf pymtheg troedfedd o hyd a berthynai i ryw greadur neu'i gilydd yn y môr. Yr hanesyn mwyaf rhyfeddol ydyw hwnnw am long yn cael ei tharo gan dorpedo ger Fastnet yn 1915. Wedi iddi suddo ffrwydrodd, a thaflwyd creadur tebyg i grocodeil chwe deg troedfedd o hyd i'r awyr. Cofnodwyd hyn gan gapten y llong danfor. Yn y flwyddyn 1817, creadur hefo pen fel buwch a chorff ugain troedfedd o hyd a welwyd gan rai o griw'r *HMS Hilary.*

YCHWANEG AM Y NADREDD-MÔR

Teulu: *Hydrophiidae.* Mae dros hanner cant o wahanol rywogaethau ohonynt. Byddent yn cael gwared o'u hen grwyn bob dwy i chwe wythnos, a hynny er mwyn cael gwared o'r barnaclau a pharaseitiau eraill sy'n glynnu arnynt. Drwy rwbio hefo eu cegau yn erbyn cwrel neu graig, llwyddent i ddal (angori) eu crwyn, cyn dechrau cropian oddi yno. Gadawent o'u lledol eu crwyn wedi eu troi tu chwithig.

Y mae ganddynt oll gynffonnau tebyg i rwyfau, cyrff gwastad, a chyrff llawer ohonynt yn llawer mwy trwchus na'u gyddfau a'u pennau. Y mae'r rhan fwyaf ohonynt tua un hyd un pwynt dau metr (tair i bedair troedfedd) o hyd, ond y mae'r neidr-fôr *Laticaudia semifascita* sydd ar arfodiroedd ynysoedd Siapan ddwywaith yn fwy.

Ceir y rhan helaethaf o deulu'r *Hydrophiidae* yn y moroedd, ger arfordiroedd ac aberoedd afonydd Awstraliasia ac Asia; ond y mae'r fol-felen neu'r pelagig (*Pelamis platurus*) yn trigo'n y Môr Tawel, hyd at Fadagasgar.

Pysgod ydyw bwyd y môr-nadredd. Byddant ar adegau yn torheulo mewn grwpiau ar wyneb dyfroedd y moroedd.

CEFFYLAU'R EIGION

Môr-gaseg
Ton fawr, ton wen, moryn ewynnog, gwaneg, caseg y môr.

Môr-geffyl
Math o bysgodyn môr a'i ben yn debyg i geffyl.

Ceffyl-môr ydyw *Farasul Bhari*. Ym *Mlwyddnodion Malay*, a ysgrifennwyd yn yr iaith Arabeg oddeutu 1600, ceir hanes disgynydd i Alecsander Fawr, sef Raja Suran/Sulan, a goncrodd Malay. Dywedir iddo fentro i'r cefnfor, ac yno briodi Tywysoges y Môr, sef Muhtabul Bahri, merch y duw-môr Aftabul Ardi. Ganed iddynt dri mab. Suran ydoedd un o'r meibion a bu iddo ofyn i Raja Jinn Peri, brenin y tylwyth teg, gymryd tair coron a'u cyflwyno i'r brenin Solomon, a hynny yng ngwlad hud a lledrith y Jin. Pan gyflawnwyd hynny, dychwelodd Suran i wlad Malay ar gefn Farasul Bhari'r ceffyl-môr.

CEFFYLAU DŴR

Kelpie ydyw'r enw amdano'n yr Alban ac fe'i gwelir yn yr eigion a llynnoedd y wlad honno. Ceffyl bychan ydyw ac un hardd dros ben. Yn bur aml gwelir y cyfryw geffyl ar lannau'r traethau. Lliwiau cyffelyb i'r tywod neu frith-llwyd a geir ym mlew ei gorff. Bydd mewn amrantiad yn ennyn sylw bodau dynol ac yn gadael iddynt ei farchogaeth, ond bydd yn carlamu ar frys a hyd yn oed yn taflu'r personau yn glir oddi ar ei gefn. Ni ellir ond ei alw'n fympwyol. Offeiriaid yn unig a gâi'r fraint o'i farchogaeth heb gael eu taflu. Hyn eto'n dangos dylanwad crefyddol o daro ar greadur o'r arall-fyd!

BAE ST BRIDES, NOLTON, PENFRO
Daeth ceffyl o'r fath i'r fei wedi ystorm ym Mae St Brides, ac aeth amaethwr ati i'w ddal er mwyn ei ddefnyddio i aredig y tir – ond llusgodd y ceffyl dŵr nobl hwn y cyfan – yr aradr a'r meistr – ar eu hyd ar draws y cae ar gryn gyflymder. Bu iddo wedyn ei gwneud hi am y traeth ac ar ei ben i'r dyfnfor!

KRAKEN
Norwy. Disgrifir fel sgwid anferthol ran ei faint. Ysgrifennwyd amdano yn y gyfrol *Versuch einer naturlichen Geschichte Norwegens*, Copenhagen, 1752-53. Yr awdur ydyw'r esgob, hanesydd, a'r hynafiaethydd, o Ddenmarc, *Erik Pontoppidan* (1698-1764). Ceir disgrifiadau o'r *kraken* gan bysgotwyr yn yr unfed ganrif ar bymtheg.

Adroddir hefyd ei weld ger Alstadhang yn 1680, a ger Rothesay, Ynys Bute, yn 1775.

Byddai'r pysgotwyr ar ddiwrnodau tanbaid o boeth, a hwythau rai milltiroedd allan yn y môr, yn tystio iddynt fod yn lygaid-dystion i ddigwyddiadau tra rhyfeddol, sef y linell blymio yn lle darllen pymtheg hyd ugain gwryd, yn dangos pum gwryd o ddyfnder. Er hyn llwyddwyd i ddal helfa go dda o bysgod! Credid mai'r *kraken* oedd yn gyfrifol. Dywedir ei fod o dan y môr, a newydd ddeffro.

Byddai pysgotwyr Norwy yn rhwyfo ar eu hunion o'r fangre ble gwelwyd y *kraken* ac yn ei wylio bob amser o hirbell.

Mesurai oddeutu rhyw filltir a hanner o hyd, hefo breichiau fel hwylbrenni, ac mor gryf fel y gallai'n hawdd ddinistrio llongau rhyfel. Pan fyddai'n suddo o'r golwg yn y môr, ceidw o'i ledol drobyllau, a'r rheiny'n goblynnod o rhai mawrion fel y medrent sugno llongau iddynt.

Credid bod dau ohonynt, ac na ellid canfod cyrff meirw y

creaduriaid anferthol hyn hyd ddiwedd y byd, sef Dydd y Farn Fawr.
Cred gwyddonwyr mai digwyddiad naturiol ydoedd yr uchod, sef miloedd o sgwidiau bychain yn creu gwaelod ffals, a thrwy hynny yn achosi i linell blymio y llong adrodd stori tra gwahanol i'r arferol!

SGWID/SGWIDIAU (*Architeuthis*)
Ym myd Natur, ceir sgwidiau o gryn faintoli yn nyfroedd y moroedd, o'r rhywogaeth *Architeuthis*. Ydynt, maent yno yn nyfnder yr eigion, a rhai ohonynt cymaint â phymtheg metr (hanner can troedfedd) o hyd, ac i'w gweld yn y moroedd ger gwledydd Llychlyn, Cymru, yr Alban, Iwerddon, Manaw, Cernyw, Lloegr ac ar arfordiroedd dwyreiniol Gogledd America. Gwelwyd un yn 1878 yn Newfoundland, Canada.

MUIRDRIS
Yr Iwerddon. Llwyddodd gŵr o'r enw Fergus Mac Leti i ladd yr anghenfil môr hwn yn Lough Rudraige, ger Bae Dundrum. Yn ddiddorol cyfeirir at yr anghenfil hwn fel *sinach*. Yn y Gymraeg ceir yr ymadrodd, 'yr hen sinach bach iddo fo'. Ystyr y gair s(h)*inach* yn ôl Geiriadur Prifysgol Cymru ydyw rhimyn o dir heb ei aredig, llinell derfyn, trum, tir diffaith, llannerch sych mewn cors, rhan o gae ble teflir sbwriel iddo, person bychan, corrach, person diffaith, annymunol neu ddrwg ei hwyl, person cas neu anghynnes, sbrych, llechgi.

NAGA
Yng ngwledydd Jafa a Thai draig-dduw, a ofalai am fyd Nether ydoedd y Naga. Un goludog ydoedd. Yn Jafa enw arall arno ydyw Sesa.
Ceir portreadau ohono ar furiau temlau gwlad Thai. Draig ag iddo bum pen ydyw a cheir cyfeiriadau gan forwyr Malay ato. Y mae'n greadur anferthol ei faint ac iddo amryw byd o bennau.

TIOMAN
Ynys ydyw hon i'r dwyrain o Benrhyn Malay. Tywysoges hardd ydoedd Tioman a daeth yn gariad i dywysog ifanc a oedd yn byw

wrth ei chartref. Cefnodd ef arni, a phenderfynodd hithau droi'n ddreiges, a nofio tua'r cefnfor. Ffurfiodd yn ynys. Ie, Tioman! Yno gellir gweld ei chynffon yn Salang, â'i chyrn ar gopaon mynydd Bali Hai i'r Dehau o'r ynys.

JONA AR FWRDD LLONG

Yn ail bennod Llyfr Jona, neu Jonas, yn yr Hen Destament cawn hanes Jona fab Amitai sy'n un o'r deuddeg proffwyd lleiaf. Tybir bod yr hanes amdano'n perthyn i ganol yr wythfed ganrif cyn Crist. Proffwyd ydoedd Jona ond trodd ei gefn ar Dduw trwy wrthod cenhadu yn Ninefa. Penderfynodd ddianc i'r môr a hwyliodd o Jopa (sef Jaffa) am le o'r enw Tarshish yn Ne-orllewin Sbaen. Tra ar y fordaith ym Môr y Canoldir, canfu ei hunan ynghanol ystorm enbyd. Ofnai bod Duw'n dial arno.

Roedd ofnau'n llechu yng nghalonnau'r morwyr hwythau a phan welsant bod y dieithryn, sef Jona, wedi cuddio o'u golwg ac yn cysgu'n sownd ynghanol yr ystorm, roeddynt wedi eu cythruddo'n enbyd! Deffrowyd Jona ganddynt a gofynnwyd iddo fynd ar ofyn ei Dduw i arbed y llong rhag cael ei ddryllio ar y creigiau a'i sugno i'r dwfn. Ond gwrthododd yntau gydweithredu. Ar ei gais fe'i taflwyd i ganol yr eigion. Wedi hynny distawodd yr ystorm. Yn ôl yr hanes cafodd Jona ei lyncu gan 'bysgodyn go fawr' ac nid, sylwer, gan forfil! Ymhlith morwyr o bob oedran ceid cred gyfeiliornus ac eithaf gyntefig ei bod hi'n anlwcus cludo offeiriaid ar longau. Ai'r hanesyn ynghylch Jona, a oedd yn broffwyd (gwas Duw Dad), sydd ym meddyliau'r morwyr?

Yn ôl Eifion Davies, a oedd yng ngofal yr Amgueddfa Forwrol ym Mhorthmadog, y llongwr diwethaf i ymuno â llong ym mhorthladd y dref oedd yn cael ei gyfrif fel yr un mwya lwcus, neu anlwcus! Ac mi fyddai'r llongwr hwnnw wastad yn ca'l ei enwi'n Jona!

Hwn hefyd oedd yn cael ei feio am unrhyw adfyd a ddigwyddai tra ar fordeithiau. Nid oedd mewn gwirionedd ond cocyn hitio. Arno ef y tadogid bob ystryw a ddigwyddai. Fo hefyd oedd yn cael y bai am bopeth drwg neu anffodus a ddigwyddai, o helfa bysgota waglaw i rwyd dyllog a olygai yng ngolwg y morwyr fod 'Jona rhywla'n y dwfn'!

O safbwynt seicolegol, dihangfa feddyliol ydoedd yr holl beth a hynny er mwyn lleihau tyndra. Da felly oedd wrth un tebyg i Jona i'w feio.

JONA'N RHAN O FYTHOLEG GWLAD GROEG

Y mae bardd o'r enw Herciwles yn yr ail ganrif cyn Crist yn honni iddo, tra'n teithio'n y môr, gael ei lyncu gan anferth o bysgodyn. Wedi iddo fod yn ei fol am dri niwrnod fe'i chwydwyd ohono, a chanfod ei hunan ar y lan.

Dywed Herodatus i Arion, brenin cyfoethog o Ynys Lesbos, gael ei daflu i'r eigion gan griw o longwyr gwrthryfelgar. Fe'i hachubwyd gan ddolffin a fu'n canlyn y llong ers tridiau. Bu i'r dolffin lyncu Arion ac ymhen amser ei daflu o'i fol yn ddiogel ar y Tir Mawr.

Yn Alecsandria dywedir bod dwy golofn ble yr honnir y daeth Jona i'r tir wedi iddo fod ym mol y pysgodyn a'i llyncodd. Ai morfil, sy'n famal, ydoedd y pysgodyn anferthol? Bu cryn gymysgu ran dosbarthu'r creadur hwn ym myd bywydeg. Pysgodyn ebe rhai. Mamal yn ôl eraill. Tybid hyd yn ddiweddar iawn hefyd mai pysgodyn ydoedd pob morfil. Yn yr wythfed ganrif cyn Crist roedd morfilod i'w gweld ym Môr y Canoldir. Bu i Pliny gofnodi ganrifoedd wedi hynny yn *Naturalis Historia* iddo eu gweld yn trigo ym Môr y Canoldir.

JONA'N DAL MEWN BRI!

Jona oedd y gair! Gwelwyd yn *Y Cymro* ym Mehefin 1955 hanes gŵr o Fryn'refail, Arfon, yn ymddangos o flaen y llys yng Nghaernarfon ar gyhuddiad o yrru beic modur heb drwydded nac yswiriant. Meddai'r cyhuddedig wrth y cwnstabl pan y cafodd ei atal gan yr heddwas y lôn, 'Jona oeddwn i!' Atebodd y Dirprwy Brif Gwnstabl fel ergyd o wn, 'Hw'rach mai'r hyn a olygai ydoedd mai ef oedd yr un anffodus!'.

CAEL EU LLYNCU GAN FORFILOD?

A ydyw'n bosibl i forfilod lyncu bodau dynol?

Yn ôl rhai ysgolheigion academaidd, creadigaeth, dameg, math o alegori a dim byd arall ydyw hanes Jona.

Mae hanes o Unol Daleithiau America, a gofnodwyd yn y Massachusetts Gazette yn 1771, am ddyn o'r enw Marshal Jenkins ar gwch hela ac fel y bu i forfil ei darnio'n ddau. Daliwyd y morwr yng ngheg yr anifail a suddo hefo fo oddi tan y tonnau cyn ail-godi o'r dyfnfor a'i daflu'n glir. Bu i'r criw achub Jenkins ac er ei fod yn gleisiau i gyd, ymhen pythefnos roedd wedi cryfhau, ond ei fod yn edrych fel y galchen – effaith sioc yn bendifaddau.

Serch hynny dengys hanes James Bartley, ac yntau ar daith ym mis Chwefror 1891, ac yn gweithio ar fwrdd llong o'r enw *Star of the East*, iddo fod yn hela morfil gwyn go fawr ar bwys Ynysoedd y Malfinas. Bu i'r morfil hwnnw falurio dau gwch, gyda Bartley ar un ohonynt. Collwyd y llongwr. Ymhen deuddydd daethpwyd o hyd i'r morfil gwyn a oedd wedi ei anafu. Wedi iddo farw fe'i cludwyd i'r lan ac agor ei ystumog. Er cryn fraw i'r rhai ar y lan canfyddwyd James Bartley yn ddiymadferth ac yn ei ddyblau.

Gosodwyd Bartley ar ddec y llong, a thaflwyd ddŵr o'r môr drosto. Daeth ato ei hunan. Nid oedd yn sicr iawn beth oedd wedi digwydd iddo. Gofalwyd amdano am y pythefnos nesaf yng nghaban capten y *Star of the East*. Erbyn hyn roedd o wedi llwyr golli arno'i hun, ond ymhen amser daeth at ei goed. Daliai i gael hunllefau. Roedd croen ei wyneb a'i ddwylo yn llachar wyn ac wedi crebachu. Credid mai sudd treulio-bwyd y morfil a fu'n achos i Bartley golli lliw naturiol ei groen.

A all bodau dynol anadlu ym moliau morfilod? Go brin, ac oherwydd cyfansoddiad corfforol morfilod, mae'n bur anhebygol y byddai bodau dynol yn medru cael mynediad i'w stumogau.

BARMI!
Dros y blynyddoedd bu'r Wasg yma yng Nghymru yn llawn cyffro gyda thystiolaeth pobl a phlant ynghych gweld pethau rhyfeddol yn yr eigion. Un o'r anghenfilod ydoedd 'Barmi', gair a luniwyd gan newyddiadurwr i ddisgrifio'r anghenfil a welwyd yn y lledd-dywyllwch ar y traeth ger Llanaber heb fod ymhell o'r Bermo gan ferched ysgol yn wythdegu'r ugeinfed ganrif. Dechreuwyd enwi lleoedd eraill yng Ngwynedd, er enghraifft ar lan afon ger Talsarnau a'r Fenai, ble gwelwyd yr anghenfil tybiedig. Roedd un peth yn

gyffredin rhyngddynt – gwelwyd yr anghenfil mewn rhanbarthau a ymylai ar y môr. Yn 1988 golchwyd corff marw môr-grwban lledraidd, y mwyaf o'i fath a welwyd erioed yng Nghymru, ar y traeth yn Harlech. Aed ag ef i Amgueddfa Cymru, Caerdydd. Ar hyd y blynyddoedd coleddais y farn nad anghenfil oedd yn mynychu ein traethau yma yng Nghymru ond môr-grwban lledraidd! Dyma greadur a anelai ei drwyn o Fôr yr Iwerydd tua gogledd yr Alban ac o bryd i'w gilydd yn glanio yno ar draethau. Cafwyd tystiolaeth bendant ei fod yno! Oni olchwyd darnau o gyrff rhai o'i frodyr a'i chwiorydd ar y glannau, nid yn unig yn yr Alban, ond hefyd yma yng Nghymru? Daliwyd un ger Pwllheli ym Mehefin 1908 a bwysai hanner tunnell ac a oedd yn saith troedfedd o hyd. Tipyn o anghenfil wir i chwi! Argraffwyd cerdyn post ag arno ffotograff o'r creadur anffodus. Danfonwyd ei gragen i'r Amguedda Astudiaethau Natur yng Nghensington, Llundain. Daeth un arall i'r fei yng Nghymyran, Ynys Môn, ar y 18fed o Dachwedd, 1960. Yr oedd yn ddi-ben a'i ffliperi ar goll.

Y byd ysbrydol

CERNYW

Bucca sef 'bwca' yn y Gymraeg, ydyw ysbryd. Fe'i ceid yn y mwynfeydd cloddio plwm, a thrigai hefyd yng nghymunedau arfordirol Cernyw. Medrai ddarogan ystormydd. Bwgan/bwci-bo ydoedd, ac yn y bedwaredd ganrif ar bymtheg yr oedd y Parchedig W. Lach-Szyyrma o'r farn bod Bucca ar un cyfnod hanesyddol yn rhan o dduwdod y môr. Ceid yn y Gernyweg yr ymadroddion *Bucka Gwidden/Widn* a *Buckha Dhu*, a ddisgrifiai'r ysbryd fel un yn dda a'r llall yn ddrwg. Roedd hefyd ym Mharc an Grouse (cae'r Groes), Newlyn, a hefyd Mousehole, yng Nghernyw, yn arferiad gan bysgotwyr y môr bob nos, wedi iddynt ddychwelyd o'r môr, adael ar y tywod ran o'u helfa bysgod. Dywedid hefyd ym Mhenzance am ystormydd a ddeuai o'r de-orllewin: 'Bucca sy'n galw'. Roedd gan forwyr a physgotwyr fel ei gilydd barch at yr ysbryd, os nad ofn; a chredent fod llais *Bucca* yn gyfrifol am yrru'r gwynt am y glannau.

Ysbrydion morwyr o Siapan a fu farw tra ar y môr. Fe'u disgrifir fel 'pysgod cennog dynol' tebyg i fôr-ddynion

Yng ngolwg trigolion Vanatu yn y Môr Tawel; a adwaenid ar un amser fel yr Hebrides Newydd; *Banoi* ydyw'r enw a roir am Dir y Meirwon. Fel yng ngherdd T Gwynn Jones, 'Anatiomaros', mae'r ymadawedig yn mynd ar daith i'r arall-fyd. Dalier sylw mai cwch a ddefnyddir ganddo. Y mae pobl Vanatu'n coleddu'r goel bod eneidiau yr ymadawedig yn hofran

*Llongau ysbrydol 'funayurei' yn Siapan. Byddent yn agosáu at longau,
ac hefo llwy fawr yn tywallt dŵr i'r llongau ac yn eu suddo*

uwchben y ddaear am rai dyddiau cyn dechrau ar fordaith i Banoi,
sy'n llechu rywle yn y cefnfor. Yno, caiff yr eneidiau fyw mewn hedd,
ac ni fyddent yn gweithio yr un gronyn gan nad oes yno gaeau i'w
trin a'u medi.

Ar ynysoedd Trobriand yn y Môr Tawel, credir bod ysbrydion
plant, cyn eu geni, ynghlwm wrth froc môr sy'n ymddangos o'r
eigion, ac os ceir beth wmbreth ohono yna ni ddylai'r benywod
fentro i'r dyfroedd rhag ofn iddynt feichiogi!

Credai pobl Siapan fod llongau ar y môr ar ddydd olaf Gŵyl y
Meirwon, a'r cyfan ohonynt yn orlawn o ysbrydion. Dyma'r
shorybuni. Yn Siapan cludir ysbrydion bob amser ar longau er
mwyn eu trosglwyddo i'r byd ysbrydol, ac ar achlysuron o'r fath
byddai'r môr yn llawn goleuni llachar. Yr ysbrydion ar fyrddau'r
llongau fyddai'n achosi'r goleuni rhyfeddol hwn. Gellir eu clywed
hefyd yn sibrwd, ac ni fentra atynt yr un llong arall. Petai capten
llong yn meiddio gwneud hynny byddai'r ysbrydion yn gofyn i'r

morwyr am fwcedi. Dylai'r morwyr roi iddynt fwcedi di-waelod. Os na wneid hynny yna byddai'r ysbrydion yn suddo'r llong.

Yn Ffiji ar derfyn oes y gred oedd y byddai eneidiau y meirwon yn dechrau ar daith hir tuag at *Bulu* sef Tir y Meirwon. Rhaid oedd iddynt gerdded at yr arfordir ble bydd y dduwies Lewalevu yn eu haros (yn ystod eu bywydau daearol dylsent fod wedi aberthu iddi). Byddai eneidiau hen lanciau a hen lancesi druain yn cael eu darnio ar y creigiau gan y dduwies Nangananga. Hi yw'r dduwies sy'n gyfrifol am gosbedigaethau, ac sy'n aros i'r eneidiau gyrraedd y clogwynni ar yr arfordir. Byddai'r eneidiau ffodus yn gadael y traeth ar hyd llwybr sy'n arwain i Ogofeydd Drakulu a Cibaciba a'r fynedfa i Dir y Meirwon, a chwch wedyn yn eu hebrwng i Nabangatai a phentref distaw eneidiau'r anweledig.

Llongau a'r byd ysbrydol

O weld rhith ar ffurf llong a gollwyd mewn storm byddai calonnau morwyr yn eu gyddfau, oherwydd arwyddocâd hynny oedd bod y llong yr oeddynt yn teithio arni yn mynd i suddo.

Doedd gweld rhith ar ffurf llong heb fod o gysur i'r morwyr. Hen gerdyn post.

YR ALKIMOS
Llong fasnach ydoedd hon, a gyfarfu â'i diwedd ar arfordir gogleddol Perth, Awstralia, yn 1963. Perthyn i'r llong ei hysbrydion. Bwriadwyd enwi'r llong Americanaidd yn *George M. Shriver*, ond fel arall y bu hi. Fe'i henwyd yn *Viggo Hansteen*, a'i lansio ym Maltimore yn ystod 1943. Ymhlith morwyr coleddir y gred mai anlwc a ddilyn pob llong a ail-enwyd.

Pan ddaeth yr Ail Ryfel Byd i ben, fe'i gwerthwyd i gwmni llongau o wlad Groeg, ac fe'i galwyd *Alkimos* sy'n golygu 'cryf'. Ym mis Mawrth 1963, aeth i drafferthion yn ystod taith o Jakarta i Bunbury, drwy daro ar rîff i'r gorllewin o Awstralia. Hebryngwyd y llong i Freemantle, Awstralia, a mynd ati i'w hadfer. Penderfynwyd ei symud o Freemantle, a chychwynwyd ar daith i Manila, ond bu i'r awdurdodau ei meddiannu ac fe'i gadawyd wrth angor. Ym Mai 1964 torrodd yr angor, ac fe'i gadawyd ar Greigiau Eglinton ger Yachchep. Rhoddwyd heibio i'w hadfer, a'i hebrwng oddi yno.

Penderfynwyd ei gwerthu, gan nad oedd bellach ond sgrap. Ond yna yn 1969 bu i weithiwr, tra wrthi'n datgymalu metel ar fwrdd *Yr Alkimos* un noson ac yntau ar fin mynd i gysgu, glywed synau rhyfedd, synau y credai eu bod yn perthyn i'r byd ysbrydol. Yn ddiweddarach, bu i dân anesboniadwy yrru'r gweithwyr oddi ar fwrdd y llong. Gadawyd y llong ble roedd hi a datgymalodd y môr hi ddernyn wrth ddernyn.

Dyma ddetholiad o'r hanesion arallfydol sydd ynghlwm â'r llong:

1. Tra'n adeiladu'r llong bu i weldwyr gael eu caethiwo rhwng ei hwyliau; y trueuniaid hyn ydyw'r ysbrydion a geir ar ei bwrdd.
2. Gwelwyd ysbryd ci bychan bob hyn a hyn, yn enwedig yn ystafell beiriannol y llong.
3. Roedd ceffylau a fyddai'n cael eu marchogaeth ar hyd y traeth wrth ymyl y llong yn gwrthod mynd heibio iddi.
4. Tystir bod ffurf dynol wedi ei weld ar y llong. Gwisgai esgidiau rwber a chot oel. Enwyd fy ngwas i'n 'Harri'.
5. Yn ystod eu hymdrechion i ddatgymalu'r llong, clywodd y gweithwyr synau anarferol. Clywsant synau traed ar yr ysgolion, gan wybod o'r gorau nad un ohonynt hwy oedd yn gyfrifol am y fath synau. Yn ystod y nos byddai synau traed hefyd yn dilyn y gweithwyr wrth iddynt fynd o un lle i'r llall ar fwrdd y llong.
6. Gwerthwyd y llong wyth o weithiau i gyd a hynny er mwyn ei thynnu'n ddarnau, ond digwyddodd rhyw anlwc neu'i gilydd i bob un o'i pherchnogion newydd, e.e. salwch a ddiflannai unwaith y gwerthid y llong i berson arall.

CALUCHE

Llong llawn ysbrydion ydyw hon. Bob nos bydd yn hwylio o gwmpas ynys Chiloe ger arfordir deheuol Chile yn Ne America. Credir yn lleol bod ar ei bwrdd ysbrydion pobl a foddodd yn y môr. Y mae hi'n long brydferth ryfeddol, ac yn disgleirio'n enbyd.

Dywedir hefyd bod cerddoriaeth go fywiog a phobl yn eu hafflau'n chwerthin arni wrth i'r llong hwylio heibio ynys Chiloe, ond yn fuan wedi iddi ymddangos bydd yn diflannu dan donnau'r eigion. Credir yn Chile bod y Picoy, Pincoya, a'r Sirena Chiolta, ar ffurf môr-forynion ac ysbrydion y dyfroedd, yn gyfrifol am wysio i'r llong ysbrydion bodau dynol a foddodd ar ei bwrdd. Yno, y mae'r bobl a fu farw yn medru byw eu cyn-fywydau daearol, a dyna paham y ceir yr holl ganu a rhialtwch.

GOLEUNI'R PALATINE

Llong ysbrydol arall a ymddangys ar adegau ger Ynys Rhode, Lloegr Newydd. Bob tro y'i gwelir, ymddengys ei bod yn wenfflam, a bydd yn suddo o'r golwg i'r dwfn. Bydd hyn yn arwydd sicr bod drycin ar ddyfod.

S. S. VALENCIA

Stemar ydoedd y llong hon. Suddodd ger arfordir Vancouver, Columbia Brydeinig, yn 1906. O'r bobl ar ei bwrdd, a rifai gant wyth deg, bu i dri deg a saith ohonynt lwyddo i ddianc. Ymhen amser daeth nifer o ystorïau ysbrydion i'r fei, a'r oll yn gysylltiedig hefo'r *Valencia*. Gwelir hi o hyd yn y man ble bu iddi suddo, yn ôl y sôn.

Yr hyn sy'n fwy rhyfeddol fyth ydyw y canfyddwyd, saith mlynedd ar hugain wedi'r drychineb, un o rafftau achub bywyd y *Valencia* mewn cyflwr da, â'r paent fel newydd. Roedd y rafft achub yn arnofio'n dawel braf ger Swnd Barkley.

GWENNAN GORN

Gwelwyd sawl tro rith llong ar yr arfordir ger Abergele. Credir mai llong o'r ddeuddegfed ganrif ydyw o eiddo'r Tywysog Madog, sef *Gwennan Gorn*. Bu i'r Athro T. Gwynn Jones yn ei gerdd 'Madog' gyfeirio ati. Madog ab Owain Gwynedd, yn ôl y chwedl, a hwyliodd y llong o Abercerrig ger Abergele. Y mae Dyfedon yn *Y Brython* yn 1863 yn cyfeirio at Gwennan Gorn fel '... un heb haearn, wdi ei hoelio â chyrn ceirw'. Tra'n dychwelyd adref o un o'i mordeithiau aeth i drafferthion mewn man a elwir yn Ffrydiau Casgwennan heb fod ymhell o Ynys Enlli. A'r llong ysbrydion? Rhith-weledigaethau yn ôl gwyddonwyr, a goleuni'n chwarae mig â'r llygad dynol.

LLONG DINBYCH-Y-PYSGOD

Yn *Tales and Traditions of Tenby* (1858), adroddir yr hanesyn canlynol. Ganol un pnawn gaeafol yn y flwyddyn 1558, gwelodd rhai o drigolion Dinbych-y-pysgod long ddieithr iawn yn hwylio'n gyflym o'r dwyrain ar draws Bae Caerfyrddin. Roedd yn amlwg oherwydd y gwyntoedd cryfion a'r tonnau uchel ei bod mewn trafferthion.

Gellid gweld bod ei hwylbrenni a'i hwyliau wedi eu dryllio ac nad oedd yr un enaid byw'n ei llywio. Fel y dynesai at y lan gellid gweld goleuadau rhyfeddol a ffurfiau ysbrydol yn symud yma a thraw ar fwrdd y llong.

Erbyn iddi nosi, prin y gwelid y llestr, a oedd ynghlwm wrth y tywyn ger traeth gogleddol Dinbych-y-pysgod. Yn ystod y nos clywyd nadu a synau rhyfedd tu hwnt, a olygodd na chysgodd trigolion y dref fawr iawn y noson honno. Fore trannoeth, a'r ystorm wedi tawelu, bu i bobl y dref ymgynnull ar y traeth, ond nid oedd y llong i'w gweld yn unman.

Ni olchwyd i'r lan gyrff nac ychwaith ddarnau o'r llong, ond canfyddwyd dyn a wisgai ddillad od, yn hanner-ymwybodol. Fe'i cludwyd i'r dref a'i ymgeleddu. Bu yno rai dyddiau heb yngan yr un gair. Ni wyddys hyd yn oed ei enw, ac ymhen sbel aeth i fyw ar Ynys Santes Catrin.

Un diwrnod aeth bugail draw ato, gan rhyw feddwl rhoi iddo fwyd a dillad. Roedd y dieithryn a olchwyd o'r môr wrth ei fodd, ac wedi pob ymweliad â'r farchnad yn y dref arferai'r bugail daro draw i Ynys Santes Catrin hefo bwyd i'r dyn a eisteddai ar graig yn rhythu ar y môr. Bob tro yr âi yno byddai'r bugail yn erfyn ar i'r dieithryn gefnu ar yr ynys, a mynd adref hefo fo.

Yna, ar ddiwrnod ystormus, a thonnau'r eigion yn chwalu tros greigiau Ynys Santes Catrin, dywedodd y dieithryn ei hanes wrth y bugail. Datgelodd iddo fod ar un amser yn fôr-leidr ac oherwydd cenfigen fe lofruddiodd y wraig a'i carai. Bu i'w gyd-fôr-ladron farw tra ar fordaith, a dyna pryd y daeth ysbrydion i yrru'r llong tuag at Ddinbych-y-pysgod. Tra ar Ynys Santes Catrin gallai glywed merched y môr yn galw arno, a dweud wrtho bod y wraig a'i carai yn hapus ei byd. Ar hyn, cododd y môr-leidr i'w draed, a chodi ei law ar don.

Gwaeddodd 'Rwy'n dŵad! Rwy'n dŵad! Derbyn fi, ysbryd bendithiol!' a llamodd i ganol yr ewyn. Ni welwyd mohono byth wedyn.

YSBRYD DINDRYFAN, MORGANNWG
Roedd teulu'r Fychanaid yn byw yng Nghastell Dindryfan. Tipyn yn afradlon ydoedd Walter Fychan, a chafodd golledion enbyd. Bu i dri o'i blant foddi ym Mae Dindryfan. Ceisiodd Walter Fychan gael yr awdurdodau i sefydlu gwasanaeth i achub rhai mewn trafferthion yn y môr. Ni wrandawyd arno. Ceisiodd Walter ddial ac ymgyfeillachodd hefo môr-leidr o'r enw Mat-Llaw-Haearn, a threfnodd y ddau ddihiryn gyfresi o longddrylliadau ar y glannau, gan glymu lampau goleuedig wrth gynffonnau defaid yn y nos. Daeth hyn oll i ben pan sylweddolodd Walter Fychan mai ei fab ydoedd un o'r cyrff a olchwyd i'r lan.

Yn ystod y Rhyfel Byd Cyntaf, defnyddiwyd y castell fel ysbyty, a dyna pryd y gwelwyd ysbryd gwraig ifanc, a adwaenid yn lleol wrth yr enw Yr Arglwyddes Las. Byddai staff yr ysbyty yn gwybod ei bod hi yno oherwydd bob tro yr ymddangosai, gadawai'r lodes o'i lledol arogl persawr.

CREADUR RHYFEDD ST. IVES, CERNYW
Yn *The Folklore of Cornwall* (1975), ceir hanes am ddyn a gyfarfu â morwr yn y dref. Dechreuodd sgwrsio hefo fo, ond ni chafodd ateb. Yna, diflannodd y morwr mud a sylweddolodd y dyn a fu'n ei holi mai ysbryd ydoedd. Gwaelodd, a bu'n orweddog am chwe mis. Collodd holl flew ei ben ond pan ddechreuodd wella ail-dyfodd ei wallt yn winau golau ei liw ac yn union fel gwallt ysbryd y morwr.

Daw ysbryd morwr a lofruddiwyd yno i dafarn Jamaica, Gwaun Bodmin, Cernyw i yfed, ac fe'i gwelwyd ar sawl achlysur yn eistedd ar y clawdd tu allan i'r dafarn.

Mae nifer o chwedlau eraill yng Nghernyw sy'n olrhain hanesion morwyr a foddwyd yn dychwelyd at eu hanwyliaid. Ceir chwedl o'r fath am lodes ifanc o St. Levan, a oedd yn disgwyl i'w chariad ddychwelyd o'r môr fel y gallai'r ddau briodi. Dyheai am y noson y byddai'n ei weld yn dychwelyd ati'n ddiogel, ond un noson bu iddi ddeffro yn ei gwely.

Sylweddolodd bod ystorm erchyll wedi digwydd, a dywedwyd wrthi bod y llong a'i chariad wedi suddo. Ond yna, clywodd ei henw'n cael ei alw. Aeth at y ffenestr a gallai weld ei chariad yn sefyll ar y traeth. Roedd o'n wlyb diferol, a gwymon yn hongian oddi ar ei wallt a'i esgidiau. Disgleiriai ei wyneb. Prysurodd hithau o'r bwthyn tuag ato. Ond ysbryd ei chariad oedd yno. Bu i'r ddau, law yn llaw, gerdded hyd nes cyrraedd Bae St. Levan, ac yno yn eu haros roedd cwch. Ni welwyd yr un ohonynt yn St. Levan fyth wedyn.

YSBRYDION NEU DDRYCHIOLAETHAU

Y mae'r dernyn canlynol rhwng C. T. a Mr Gwyliedydd yn *Y Gwyliedydd* yn 1833 yn peri i rywun feddwl am stori drwstan sydd wedi ei seilio'n ogystal ar fymryn o hwyl;

Wrth imi ddarllen hanes teithiau y Meistri Tyerman a Bennett yn ddiweddar, cyfarfyddais â'r ddwy chwedl ganlynol, y rhai sydd yn dangos yr ofer-goel galarus sydd eto yn parháu ymhlith ein morwyr. Yr wyf yn meddwl mai gorau po fwyaf hysbys y gwneir y cyfryw hanesion, oblegid eu bod yn dwyn i'r amlwg y sail ofer a gau ar ba un y mae aml chwedl ryfeddol wedi ei hadeiladu, ac felly yn cadarnhau meddwl yr ieuainc yn erbyn dychryniadau diachos a choel-grefyddol . . .

Dywedir i fachgen ar fwrdd llong gael gorchymyn gan un o'r swyddogion i fynd ati i blygu un o'r hwyliau, ond wedi esgyn yr hwylbren clywodd lais dieithr yn dweud wrtho ei bod hi'n chwythu'n galed. Ni arhosodd y bachgen i glywed ychwaneg ac i lawr ag ef yn ddiymdroi gan adrodd yr hanes wrth bawb a'i cyfarfyddai. Aeth morwr arall i fyny, ond dychwelodd hwn yn gynt na'r llall, gan

106

ddweud ei fod ef yn ddigon sicr fod llais nad oedd o'r byd hwn wedi llefain yn ei glust ei bod yn chwythu'n galed.

Aeth un arall i fyny ac arall ar ôl hwnnw, ond roedd pob un yn dychwelyd â'r un chwedl.

Yna aeth swyddog o'r llong i fyny'r rhaffau, a phan ddaeth at y fan lle yr oedd yr ysbryd, clywodd eiriau dychrynllyd yn cael eu hadrodd yn ei glustiau; 'Y mae hi yn chwythu yn galed,' a chanfyddodd barot yn eistedd ar un o'r rhaffau. Yr aderyn ac nid ysbryd ydoedd awdur difeddwl yr holl ddychryn; aderyn a oedd o bosib wedi dianc o ryw long arall, ac wedi cael cartref newydd ar ben yr hwylbren ymhlith yr hwyliau.

Dywedir i un arall o'r swyddogion ddweud ei fod o'n cofio, ar un o'i deithiau, bachgen yn cael ei anfon i fyny i ryddhau rhaff a oedd wedi glynu ym mhen yr hwylbren ôl. Ond ni fu'n hir cyn dyfod i lawr gan ddweud ei fod wedi gweld yr 'Hen Ddeio' ar y prennau croesion, a bod ganddo 'wyneb anferth, a chlustiau sythion, a llygaid yn disgleirio fel tân'.

Aeth dau neu dri o'r morwyr eraill i fyny; gwelodd pob un ohonynt yr ysbryd, a haerasant mai yr 'Hen Fachgen' yn sicr ddigon oedd yno.

O'r diwedd, aeth swyddog i ben yr hwylbren, a beth ganfu yno ond tylluan gorniog fawr, yn eistedd yn y fath fodd ag i fod allan o olwg y sawl a ddeuai i fyny o ochr arall y llong. Pan ddeuai neb yn agos ati, estynnai allan ei hwyneb i edrych beth oedd yn dyfod.

Daeth y swyddog â'r aderyn i lawr mewn gorfoledd a daeth yr 'Hen Ddeio' yn gydymaith tawel ymhlith y morwyr. Bellach nid oeddynt yn ofni cyrn na llygaid yr aderyn. Ebe'r cofnodydd;

Ni thry morwyr eu cefnau ar ddim ar ôl cael gwybod beth ydyw... pe buasai yr adar ar y ddau achlysur hyn, yn ymadael fel ag y daethant, diau y buasent yn cael eu cyfrif yn ymwelyddion goruwch-naturiol gan bawb ag oeddynt wedi clywed y naill a gweled y llall.

Sant neu ddau!

DEWI SANT

Roedd diafol yng ngofal un llong y dywedid ei bod yn teithio'r cefnfor. Ar y llong hon y danfonid eneidiau pechaduriaid ar ddiwedd eu hoes. Ar lafar gwlad yng Nghymru ceid yr ymadrodd; 'os na wnewch chwi ymddwyn/byhafio i'r llong fawr y cewch chwi fynd'. Fe ellid meddwl mai lle i fwrw cosb ydoeddllong o'r fath; uffern, o bosib; ac y gorfoleddai'r hen ddiafol bob tro y cawsai gargo newydd o eneidiau. Pan welodd Dewi Sant hynny mi wylltiodd, a thrywanodd y llong hefo picell enfawr. Bu i'r diafol ei heglu hi oddi ar ei bwrdd, a drylliwyd y llestr ar Greigiau Gŵyr ble bu i rhyw gawr neu'i gilydd fanteisio ar y cyfle i wneud pric dannedd o'r hwylbren, a ffuen/hances boced o'r hwyl.

Sant Dynawd ac nid Dewi Sant a gyflawnodd hyn mewn fersiwn arall o'r un chwedl.

IAGO

Cynhelir Dydd Sant Iago ar y 25ain o Orffennaf.

Ar lanau deheuol sir Fôn, o Aberffraw i Landdwyn, a hefyd yn sir Feirionnydd, yn enwedig ger traethau Harlech a Llandanwg, cesglir cregyn a elwir yn 'gregyn Iago'. Dywed trigolion y glannau eu bod yn feddyginiaeth anffaeledig pan fo anhwylder ar lygaid. Gwneir eli o'r cregyn drwy eu toddi mewn sug lemwn.

Cragen fechan wen ydyw yn perthyn i deulu'r cregyn a ddefnyddid gan frodorion rhai parthau o'r India ac Affrig yn lle pres, ac arni ceir arwydd Sant Iago. Ar y rhan fwyaf o'r cregyn ceir tri sbotyn duach ar gefn y gragen (nod o'r Drindod), ac os na chanfyddir y sbotiau duon nid ydyw'r gragen yn ddefnyddiol o gwbl.

Ei henw priodol yw Cowrie Ewropeaidd (*Trivia moacha*) neu y Cowrie Ysbotiog. Y mae'n gragen lled-gyffredin ar lannau gorllewinol gwledydd Prydain. Yn ei llawn dyfiant mae'n ddeuddeg milimedr o hyd ac yn wyth milimedr o led.

Dywedir bod Cristnogion ar ferthyrdod Sant Iago wedi cludo ei gorff i'w gladdu i Sbaen ble y bu'n genhadwr. Fel roedd y llong yn mynd heibio arfordir y wlad honno, gwelwyd bod priodas yn cael ei chynnal ar y lan. Dywedir bod dau yn marchogaeth eu ceffylau, ac i'r anifeiliaid ddychryn a rhuthro i ganol yr eigion.

Bu i'r ddeuddyn, sef benyw a gwryw, foddi yng ngolwg eu cartref a'u caredigion. Ond mor effeithiol, ebe y chwedl, oedd rhinwedd Sant Iago hyd yn oed yn farw, fel bod y ddau gorff wedi ail-godi o'r môr yn fyw, ond wedi eu gorchuddio gan gregyn.

PEDR

Aeth pysgotwr i'r môr yn ei gwch, ond daeth yn ystorm enbyd ac fe'i cludwyd ymaith. Drylliwyd ei gwch bychan ar greigiau gan y tonnau nerthol. Clwyfwyd ef, ond llwyddodd i ddringo'r creigiau o afael gwylltineb y môr. Pan ostegodd y gwynt nid oedd ei helbulon ar ben: daeth y llanw a'i amgylchynu. Dringodd y pysgotwr i ben y creigiau ac yno, meddyliodd am ei wraig a'i blant ac na fyddai'n eu gweld fyth eto. Daliai'r dyfroedd i gau amdano, a gwelodd glogwyn a oedd yn uwch na'r lleill, a mentrodd fynd ato. Llwyddodd i gyrraedd y clogwyn, ac yno gwelodd samffir a gwyddai ei fod bellach yn ddiogel.

Planhigyn ydyw hwn, er ei fod yn tyfu'n agos iawn i ddŵr y môr, nad ydyw byth ar gael ble'r â dŵr y môr drosto. A'r pysgotwr? Ymhen amser daeth llong i'r golwg a chludwyd y dyn i borthladd.

Goleuadau tra rhyfeddol

Tra'n trafod Pen Llŷn y ddeunawfed ganrif mae gohebydd *Yr Herald Cymraeg* yn cofnodi fel a ganlyn yn 1925:

Byddai llawer o'r gas [nwy], hwnnw a eilw'r morwyr *copper sand* neu *Jack Lantern* yn ymddangos, ac nid rhyfedd hynny, canys nid oedd sychu tiroedd gwlybion a gwella'r ddaear, yn arfer cyffredin. A chan na ddeallai llawer natur y goleuni hwn, yr oedd yn rhaid mai rhywbeth o fyd arall ydoedd a'i fod yn arwydd o rywbeth yn enwedig os oedd ar ffurf cannwyll gorff, a fyddai'n rhagflaenu marwolaeth.

CALEUCHE
Fe'i ceir yn nyfroedd Chiloe ar ffurf llong hwyliau, â'r llestr yn llawn goleuni. Ceir miri a rhialtwch ar ei bwrdd, a bydd y cyfan o'r teithwyr arni yn dawnsio i gerddoriaeth. Bydd y llong oleuedig hon yn teithio ar gyflymdra aruthrol drwy donnau'r eigion. Nifer o forwyr a longddrylliwyd sydd yng ngofal y llong, a ble bynnag y teithient nid oes dechrau na diwedd i'r siwrne.

Y DYN GWYDR
Fe'i gwelir mewn ogofeydd ar arfordir deheuol Jafa wedi iddi nosi, a bydd ei oleuni fel crisial yn sgleinio yn y môr. Ymddengys mai goleuni glas eithaf ysgafn a lif ohono. Dyn ydoedd a bechodd drwy anufuddhau gerbron un o'r duwiesau, a phob can mlynedd caiff gyfle i ymddangos ar ffurf goleuni mewn ogofeydd, yn enwedig Ogof y Sgwidiau.

TE LAPA
Pelydrau trydanol a ddigwydd yn nyfnder y cefnfor, ac fe'i gwelir ar adegau yn y Môr Tawel. Y goel ydyw bod y goleuni rhyfeddol yn pelydru o'r llosgfynyddoedd sydd oddi tan wely'r môr, a'u bod o gymorth i gapteiniaid llongau a pherchnogion cychod wrth iddynt geisio teithio pan fo hi wedi nosi.

GOLEUADAU YN YR EIGION

Bydd pobl Malaya yn priodoli hyn i Hantu Air, duw'r môr. Credir bod gweld goleuadau dieithr yn dawnsio o gwmpas rhai o fastiau a rigin llongau yn arwyddion sicr bod Cannwyll yr Ysbryd Glân oddeutu. Yr unig beth anlwcus fyddai gweld un o'r goleuadau hyn ar ei ben ei hun, ond petaech chwi'n gweld dau ohonynt doedd raid poeni 'run blewyn oherwydd arwyddocâi hynny dywydd teg, a mordaith tra lwyddiannus. Petae'r goleuadau i'w gweld yn dra aml, a hynny yng nghanol ystorm, yna gellid cymryd rhyw damaid o gysur gan fod hynny'n arwydd bod hindda ar ddyfod.

TANAU SANT ELMO

O weld y math hwn o dân tra ar fordaith, credid y byddai morwr farw cyn y deuai'r dydd i ben. Ysbrydion morwyr a foddodd ydoedd Tanau Sant Elmo. Yn Llydaw credid, o weld y goleuni llachar, mai rhith perthynas agos i un o griw'r llong a welid, a byddai'r sawl a welwyd yn marw cyn hir.

Fe'i gwelid, a hynny'n dra mynych, yn Ne Môr Tsieina. Credai pysgotwyr Malay mai ysbrydion dŵr, yr *hantu aye*, a achosai'r tanau, a chlyment ddarnau o frigau'r balmwydden siwgwr ar rannau uchaf hwylbrenni eu cychod a'u llongau er mwyn llesteirio a rhwystro'r tanau rhag dyfod yn nes atynt.

Yr oedd safleoedd tanau o'r fath, ymhlith yr hwylbrenni, yn dweud llawer wrth y morwyr ynghylch yr hyn a ddigwyddai iddynt:

Yn agos – yn rhagfynegiant ei fod yno i'w hamddiffyn.
Yn syth ar i lawr – arwydd sicr bod ystormydd yn agosáu.
Ar i fyny – calonogol, a'r tywydd yn mynd i wella.

Tanau sy'n digwydd oherwydd gollwng trydan i'r aer ydyw Tanau Sant Elmo, ac sy'n ymddangos gan amlaf fel ymylon goleuadau ar ben tyrau eglwysi neu ar hwylbrennau llongau. Gellir clywed hefyd y tanau'n clinddarach a suo. Llygriad yn yr iaith Eidaleg, gyda llaw, ydyw Elmo (*Ermo*> Sant *Erasmus*).

Sant ydoedd Erasmus a berchid a'i gyfrif yn noddwr holl bysgotwyr Môr y Canoldir. Bu farw c.303 O.C. a chynhelir ei ddydd

Gŵyl ar Fehefin 2il. Eidalwr ydoedd, ac ef a roddodd fodolaeth i'r goel bod gweld y tanau a gynhyrchid gan drydan yn yr atmosffêr yn gwarchod pysgotwyr ym Môr y Canoldir.

GOLEUADAU JAC HARRI

Credai nifer o forwyr bod goleuadau rhyfeddol yn yr eigion ac ar yr arfordir yn cael eu hachosi gan ffosfforws a gyfyd oddi ar gyrff pydredig adar môr. Yr enw a roir yng Nghernyw ar oleuadau o'r fath ydyw 'Goleuadau Jac Harri'. Ystyrir hwy fel arwyddion o farwolaeth, ac mai ysbrydion morwyr a foddwyd ydynt. Byddai morwyr Cernyw ar eu gwyliadwriaeth rhag eu gweld oherwydd denu dynion i farwolaeth a wnaent. Yn aml iawn credid bod ysbrydion morwyr, a mordeithwyr, i'w gweld yn y môr ger yr arfordir, yn enwedig rhai a foddwyd mewn llongddrylliad.

GOLEUNI RHYFEDDOL?

Yn ystod mis Awst 1895, bu i Mr G. T. Ryves o Lanfairfechan gyfeirio at oleuni llachar anarferol a welodd yn y môr gerllaw ei gartref, gan ddweud bod y tonnau'n llawn goleuni fel y deuent am y traeth. Adroddodd bod lliw glas i'r goleuni nid rhy annhebyg i oleuni lamp drydan.

RHYW FATH O ESBONIAD

Pe byddai ffrwydriad ar y gorwel, ni fyddai rhywun yn clywed ei sŵn am rai eiliadau wedi'r fflachiadau – gan greu golau tawel. Ar adegau bydd egni trydanol a symudiadau yn y ddaear yn creu goleuadau. Y mae ffotonau hefyd yn codi o'r ddaear, yn enwedig ble ceir hen ffoltiau, ac yn cludo ynni hefo nhw. Mathau o donnau trydanol ydynt.

Môr-forynion

Yn 2007 cyhoeddodd Ynysyoedd y Ffaröe set o stampiau post lliwgar a bortreadai môr-forynion. Parchai'r ynyswyr greaduriaid môr-ddynol o'r fath.

Cymro a chapten llong ydoedd Thomas Henry Davies a aned yn y flwyddyn 1909. Hannai o 'Lanbard' sef Llanbedr, a bu'n byw hefyd yn Hendre Fechan, Talybont, Meirionnydd. Aeth i'r môr yn gynnar yn ei fywyd. Dywedir iddo fod yn brif swyddog ar rai o'r llongau mwyaf.

Dyma un o'i englynion i'r Fôr-Forwyn:

Nofia hyd erwau Neifion – a llithra
　　Yn llathraidd trwy'r eigion,
　　Gan lyfnu brig pob dig don –
　　Hardd gymar gerddin gwymon.

Portread gan arlunydd Rwsiaidd anhysbys.
Tybir ei fod yn deillio o'r flwyddyn 1866.

BETH YDYW'R MÔR-DDYN/MÔR-FORWYN?

Disgrifir y fôr-forwyn fel creadures a berthyn i fyd hollol ddychmygol, a bod ganddi gorff merch a chynffon pysgodyn neu forfil. Un o anghenfilod y môr ydoedd hi mewn chwedloniaeth glasurol, a disgrifir hi hefyd fel un â chorff merch yn rhannol a'r gweddill ohoni ar ffurf aderyn. Byddai'n canu er mwyn hudo morwyr i ddinistr ar y creigiau.

Yng nghasgliad Llansteffan 1: 16, sydd ar gael yn Llyfrgell Genedlaethol Cymru, ceir mewn llawysgrif a berthyn i'r drydedd ganrif ar ddeg yr enwau *emor vorynnyon* sef môr-forynion.

Yn yr Wyddeleg tarddiadau geiriau fel *merrow* a *morudah* ydyw'r *môr/muir* ac *oigh* sef 'morwyn'. Geiriau eraill yn y Gaeleg am fôr-forynion ydyw *muidhuachan*, *muir-gheilt*, *samhghubha*, a *suire*.

NODYN DIDDOROL WRTH FYND HEIBIO

Mewn teml yn Kamwn, Hashimoto, Siapan, arddangosir mwmi, sef môr-forwyn, ond tybir mai cynffon pysgodyn wedi ei wnïo at ben mwnci'r eira ydyw! Aed ati hefyd i ail-wampio'r wyneb! Credir bod y mwmi dan sylw yn perthyn i ddechrau'r bedwaredd ganrif ar bymtheg, ac iddo ar un adeg fod yn wrthrych neu atyniad mewn sioe grwydrol yn Siapan.

Môr-ddynion

GWLAD GROEG
APHROS

Yng ngwlad Groeg, dyma un o ddau greadur a elwid yn fôr-dduw. Gelwid ef yn *Ichthyocentaurs*, sef creadur dynol o'r gwasg i fyny, coesau blaen ceffyl a chynffon pysgodyn. Rhan ydoedd o ewyn y tonnau gyda chymorth ei frawd Bythos, llwyddodd i gludo Aphrodite o'r eigion i ddiogelwch y tir mawr ar ei genedigaeth.

BYTHOS

Brawd Aphros, eto ar ffurf *Ichthyocentaurs*.

NEREUS
Duw cynffon-pysgodyn yn chwedloniaeth Groeg. Fo, ynghyd â 50 Nereid oedd yn gofalu faint yn union o halen a physgod a geid yn yr eigion.

SKYLLA
Daemoniad anferthol a drigai yn y môr. Roedd yn dra awchus i ddifa morwyr. Roedd hon yng ngwlad Groeg hefo cynffon pysgodyn ond nymff ydoedd mewn gwirionedd o'i gwasg i fyny. Roedd ganddi chwe phen. Bu i Hercales ei difa ond fe'i hadferwyd gan ei thad Phorcys a oedd yn fôr-dduw.

TRITONES
Daemoniad arall a nymff ym mytholeg Groeg, hefo cynffon pysgodyn ond yn wrywaidd. Gwasanaethai Poseidon.

CHWEDLAU A MYTHOLEG GWLEDYDD ERAILL Y BYD
– MÔR-DDYNION
Portreadir y môr-forynion fel bodau tlws rhyfeddol ond nid felly'r môr-ddynion. Y maent hwy bob amser yn sobr o hyll hefo wynebau tebyg i foch a dannedd hirion tu hwnt o finiog.

ANGYLION GWRTHODEDIG
Tynged angylion na chawsant fynediad i'r Nefoedd fyddai eu gyrru, rhai ohonynt fel ysbrydion, i'r awyr ac i'r byd tanddaearol. Yn ogystal, fe deflid cryn nifer o angylion gwrthodedig i ganol yr eigion. Dywedir mai'r rhain ydoedd cyn-ddisgynyddion pobl y môr. Y rhain oedd yn trigo yn *Tir fo Thoinn* sef tir oddi tan y don. Byddent yn medru byw dan y tonnau'n y moroedd ac hefyd ar y tir mawr ymhlith bodau dynol.

O fyw ar y tir byddent yn gwisgo capiau o blu – *cohullen druith* sef 'cap tra yn byw y cefnfor'. Ond unwaith y cymerai bodau dynol feddiant o'r capiau rhyfeddol, yna roedd cyswllt y môr-ddynion hefo eu hen gynefin oddi tan yr eigion yn diflannu ac ni allent ddychwelyd yno.

VETEHINEN, GWLAD Y FFINDIR

Fel môr-ddynion Denmarc, Norwy a Sweden, y mae'r *vetehinen* tra'n nŵr y moroedd bob amser yn gwbl noethion. Y mae ganddynt walltiau trwchus gloywddu, barfau a chynffonnau sy'n tipyn mwy o faint na rhai'r môr-forynion. Byddent hefyd yn achub bywydau pysgotwyr, neu yn eu denu i ganol yr eigion!

MÔR-DDYN LLYN FAGERTAN, SWEDEN

Llyn ydyw hwn sydd yng nghoedwig Parc Cenedlaethol Tiveden. Yn ei ddyfroedd tyf lilïau cochion. Yn ôl y chwedl, roedd 'sgotwr tlawd yn byw ar lan y llyn. Digon llwm ydoedd hi arno ran y pysgod a ddaliai, ond roedd ganddo ferch hynod ddeniadol. Un dydd cyfarfu â môr-ddyn a ofynnodd iddo am ferch y pysgotwr yn wraig iddo. Cytunodd yntau ei rhoi hi iddo, ac fel tâl teilwng câi gan y môr-ddyn ddigonedd fyth o bysgod bob tro yr âi i sgota! Pan ddaeth hi'n amser cyflwyno'r ferch, dyma'r môr-ddyn yn estyn ei law iddi gan feddwl y byddai hi'n dyfod hefo fo i'w gartref dan y dŵr. 'Ni chei di mohona i'n fyw,' ebe hi, gan estyn cyllell, a'i thrywanu ei hunan yn ei chalon. Disgynnodd diferion ei gwaed i ddyfroedd llyn Fagertan, a throi'n lilïau.

MÔR-DDYN O'R ENW HOSTN

Yn ôl chwedlau gwerin gwledydd Llychlyn bydd môr-ddynion yn wylofain yn uchel o ganfod pysgotwyr mewn perygl. Yn wir, byddent yn rhybuddio perchnogion cychod a llongau pysgota i osgoi mannau peryglus. Fel roedd 'sgotwr wrth ei orchwyl yn y môr daeth gwynt iasoer o rhywle, a ffurfiodd y tonnau'n fynyddoedd. Ceisiodd y dyn rwyfo'n gyflym tua'r lan, ond ofer fu ei ymdrech. Fe'i delid yn ei unfan. Erbyn hyn crynai dan yr oerfel. Yna, gwelodd ddyn llwyd ei farf yn marchogaeth y tonnau. Môr-ddyn ydoedd, ac yn crynu drwyddo cymaint yr oerni. 'Wedi colli un o'm sanna rydw i!' meddai wrth y 'sgotwr. Tynnodd hwnnw ei esgid chwith, a rhoi ei hosan iddo. Ar hyn, diflannodd dyn yr eigion, ac aeth y 'sgotwr ati i rwyfo tua'r lan. Ymhen pum wythnos, a'r tywydd o'i blaid, dychwelodd i'r môr. Y tro hwn cafodd helfa tan gamp, a'i rwyd yn llawn hyd yr ymylon â physgod tebol. Eto, ymddangosodd Hostn, y môr-ddyn a welodd ynghynt. Canodd, a rhybuddiodd y 'sgotwr y dylai ei heglu hi am y tir mawr. Daeth hi'n storm go arw, a boddwyd nifer o bysgotwyr, ond nid yr un a roddodd ei hosan i Hostn. Yng ngwlad Norwy, fodd bynnag, nid hosan a roir i'r môr-ddyn, ond maneg.

KYAI BELORONG
Dwyrain Jafa. Gwas y dduwies fôr gyda chynffon pysgodyn. Er bod ganddo filoedd o goesau a breichiau, y mae ei groen yn gennog fel un pysgodyn. Gwasanaethir ef gan fôr-forynion. Ei drigfan ydyw palas rhyfeddol ar wely'r môr, gyda tho wedi ei adeiladu o ysgerbydau a phileri ar ffurf bodau dynol (rhai byw!) yn dal y cyfan at ei gilydd. Y bodau dynol byw (y pileri) ydyw y rhai a bechodd drwy fod yn gaeth i'w trachwant. Y mae Kyai Belorong yn hynod gyfoethog ac yn berchen ar faint fynnir o aur. Gall unrhyw feidrolyn gymryd yr aur hwn ond gwae y sawl a wna hynny. Ei dynged yw y bydd farw ymhen saith mlynedd. Dywedir bod palas arall gan Kyai Belorong ynghanol coewdig: yno, try gerrig yn aur drwy eu gosod yng nghanol coelcerthi.

GWLAD YR IÂ
Yn y Canol Oesoedd daliwyd môr-ddyn ger ynys Grimsey yn Landnáma, Gwlad yr Iâ, a'r enw a roddwyd ar y creadur ydoedd *marmennill*.
Adroddodd Myrddin Fardd yn 1887 yr hanesion canlynol;

LLOEGR

. . . un Dafydd Larry a ddywedodd gael un ohonynt [môr-ddyn] wrth bysgota yng nghyffiniau Suffolk, yn y flwyddyn 1187, pa un a gadwyd chwe mis, ac yr oeddid yn meddwl nad oedd eisiau dim ond ymadrodd arno, cyn dyfod yn greadur rhesymol a theuluaidd; ond . . . un diwrnod cafodd gyfle i ddengid i'r môr, ac ni welwyd na chlywyd amdano ef mwy. Gwelwyd hefyd yn y flwyddyn 1748 yng Nghaerludd, un o'r rhywogaeth yma, ac mewn amryw leoedd eraill yn cael eu dangos am arian.

MÔR MANTINECO

. . . Mae hanes am un arall a welwyd ym Môr Mantineco, gan ddynion a roddodd ddarluniad perffaith ohono, ar eu llw, iddynt ei weled yn tynnu ei law dros ei wyneb, ac a'i clywsant yn chwythu ei drwyn.

MÔR Y CANOLDIR

. . . Un arall a ddaliwyd ym Môr y Canoldir, ac a anfonwyd yn anrheg i Sigsmina, brenin Poland, gyda pha un y bu fyw dri diwrnod, ac arddangoswyd i wydd yr holl lys.

YR ISELDIROEDD

Yn y flwyddyn 1430 ar ôl ystorm fawr o wynt, yr hon a dorrodd gloddiau môr Holand, digwyddodd i ryw fenywod wrth ddyfod o odro mewn bad gerllaw Edam, gael un o'r rhai hyn [sef môr-forwyn] mewn llaid, hwy a'i cymerasant i'r bad, ac a'i golchasant ac a'i dygasant i Edam, lle ei gwisgwyd â dillad, ac a ddysgwyd i nyddu, ac a borthwyd ag ymborth dynol; wedi hynny anfonwyd hi i Haerlem, lle y bu iddi fyw amryw flynyddoedd, ond ni allwyd erioed ei dysgu i siarad . . . yr oedd yn wastad pan gaffai gyfle, am ddianc, (a'r môr bob tro oedd y dynfa), hwy a'i dysgasant i wneud arwydd y Groes, ac i dalu math o barch i ddarluniad Crist [am mai Pabyddion oeddynt].

YNYS MANAR GER YNYS CEYLON

. . . yn y flwyddyn 1560 gerllaw Ynys Manar, yr hon sydd yn gorwedd ychydig i'r gorllewin oddi wrth ynys Ceylon, rhyw bysgotwr a dynnodd mewn rhwyd saith ohonynt, mae amryw dystion o hyn, yn enwedig F. Heuriques, a Dinas Mosquez, . . . a meddyg i'r penllywydd o Goa, pan un a'i manwl a chwiliodd, ac a dystiolaethodd eu bod yn eu holl rannau yn berffaith gwbl o'r un un agwedd â chyrff dynol, ond yn unig o'r canol i waered, pa rannau oedd bysgodyn perffaith.

MÔR-DDYNION YNG NGHYMRU
Castell Martin yr hen sir Benfro
Yn y gyfrol *Pembrokeshire Folk Tales* (1991) ceir hanes yn deillio o 1791 lle disgrifia Mrs Mary Morgan fel y bu i amaethwr o'r enw Henry Reynolds weld yn Stac Linney rywbeth dynol ond tra rhyfeddol yn nŵr y môr. Bu iddo nesáu ato, a gwelodd lefnyn oddeutu un ar bymtheg i ddeunaw mlwydd oed hefo croen gwelw iawn â'i ben uwchlaw lefel y dŵr.

Roedd y môr ar y pryd yn hynod dawel. Doedd arlliw o wynt yn unman. Am ennyd meddyliodd Reynolds fod y llanc yn eistedd ar sylwedd rhudd-goch ond wrth symud tuag ato, gwelodd mai cynffon hir fel un llysywen fôr oedd ganddo. Nofiai'r llanc o gwmpas, ac mewn dyfroedd dyfnion ymestynnai ei gynffon i'r dwfn ond mewn dyfroedd bas byddai'n ei symud o un ochr i'r llall.

Dynol ydoedd rhannau uchaf ei gorff ac roedd ganddo freichiau byrion a thewion. Roedd ganddo ddwylo. O'i dalcen tyfai rhyw sylwedd rhuddgoch a oedd yn fwy o ruban na blew pen. Ymestynnai'r rhuban, os gellid ei alw'n hynny, dros ben y creadur ac i lawr dros ei feingefn i'r dŵr tu ôl iddo. O dro i dro codai'r llanc y rhuban er mwyn cael golchi oddi tano.

Ni wenodd o gwbl, nag ychwaith wneud unrhyw sŵn. Yn sicr roedd arno olwg gwyllt a thra ffyrnig. Arhosodd Henry Reynolds yno'n bur agos i awr ond pan ddychwelodd gydag eraill nid oedd golwg o'r môr-ddyn yn unman.

MÔR-FORYNION
Y mae llawer o straeon am fôr-forynion wedi eu cofnodi yng ngwledydd Ewrop o'r canol oesoedd hyd hanner cyntaf y bedwaredd ganrif ar bymtheg. Yr oedd y gred yn arbennig o gyffredin ymysg morwyr a chyfeirir at weld môr-forynion yn nyddlyfr Christopher Columbus yn 1493.

Y TELLOEDD A BERTHYN I'R MÔR-DDYNION/
MÔR-FORYNION
Yn yr Iwerddon dywedir bod teuluoedd Flaherty ac O'Sullivan o sir Kerry, a'r MacNameey, sir Clare, yn perthyn i hen deulu'r môr.

Ar ynys orllewinol yng Ngogledd Uist dywedir bod un o deulu'r MacCodums wedi priodi môr-forwyn a'u bod byth ers hynny'n dal perthynas agos hefo hen deulu'r môr.

Credir bod McVeaghiaid Sutherland yr Alban yn perthyn drwy briodas i'r môr-forynion a hefyd y Morganiaid (môr-ganed!) yng Nghymru.

MÔR-FORYNION: DISGRIFIADAU OHONYNT

O'u gweisg i lawr cynffonnau pysgod a oedd iddynt. Fe'u gwelid yn aml gan fodau dynol, yn enwedig cyn ystormydd. Byddent ar adegau yn plymio i'r dyfnderoedd cyn ail-ymddangos hefo pysgod yn eu dwylo. O'u gweld yn taflu'r pysgod tuag at longau byddai'r criwiau yn gofidio. Prawf sicr, meddent, y byddai rhai o'r morwyr yn marw cyn bo hir. Arwydd gobeithiol na ddeuai dinistr fyddai gweld morforynion yn taflu'r pysgod oddi wrth longau.

EU CYNEFINOEDD

Ar wyneb dyfroedd, hynny ydyw, hefo eu pennau yn y golwg yn yr eigion neu'n eistedd ar greigiau glannau'r moroedd.

Môr-forynion gwahanol wledydd y byd

MÔR-FORWYN FEEJE / FFIJI

Honnir mai gŵr o'r enw Dr J. Griffin a ddarganfu'r fôr-forwyn enwog hon. Yn ystod haf 1843, dangoswyd darluniau ohoni, a chaed cyhoeddusrwydd o'r mwyaf iddi yn Efrog Newydd, Unol Daleithiau'r America. Y dyn a fu'n gyfrifol am yr holl gyhoeddusrwydd ydoedd Phineas Taylor Barnum. Cyhoeddwyd pamffled ynghylch yr hanner merch a hanner pysgodyn, ac aeth Dr J. Griffin ati i ddarlithio yn ei chylch. Disgrifiodd fel yr aeth i Feeje ac ynysoedd eraill ym Moroedd y De ble ceid môr-forynion. Arddangoswyd y creadur yn Amgueddfa Barnum yn Efrog Newydd, a thyrrodd pobl yno yn eu miloedd i'w gweld. A Dr Griffin? Levi Lyman ydoedd ei enw iawn, a gweithiwr cyflogedig. Ei gyflogwr? Ie, Barnum! Rhan uchaf corff mwnci ydoedd y fôr-forwyn â'i gorff wedi ei lynnu wrth gynffon pysgodyn.

Twyll rhonc! Diwedd digon rhyw ddramatig-gyffrous oedd i'r holl hanes pan gollwyd y tegan-ffals wedi tân ond ni chyffesodd Barnum tra roedd ar dir y byw mai môr-forwyn ffals ydoedd yr un oedd ganddo yn ei Amgueddfa.

INDONESIA

Disgrifir mewn chwedl sut y bu i wraig briodi cybydd ac un diwrnod, iddi fwydo ei mab newynog hefo pysgodyn bychan a gedwid yn y storfa. Pan ddychwelodd ei phriod adref, aeth yn gandryll oherwydd iddo roi ei fryd ar fwyta'r pysgodyn bychan blasus ei hunan. Ymosododd ar ei wraig hefo arf a ddigwyddai fod o fewn ei gyrraedd. Llwyddodd hi i ddianc oddi wrtho ac yn nhonnau'r môr ymolchodd a hel yr holl waed oddi ar ei chorff. Yno, newidiodd y wraig o'i gwasg i'w thraed yn ddolffin *(rejung)*.

Daeth ei phlant i'r traeth er mwyn erfyn arni i ddychwelyd adref ond ni allai gan ei bod erbyn hyn wedi anghofio sut i gerdded. Parhaodd i adael i'w phlentyn ieuengaf sugno ei bronnau a dywedodd wrth yr hynaf o'r plant am gymryd ei dagrau a'u taenu'n dyner ar gefn ei phriod heb iddo sylweddoli ei fod yn gwneud hynny. Sylweddolodd y gŵr ar unwaith y fath gamwedd a wnaeth â'i wraig. Daeth yn dad caredig tu hwnt a byddai'n crwydro'r traethau yn chwilio'n ddyfal am ei briod. Ofer fu'r cyfan. Ni welodd hi fyth wedyn. Y diwedd fu iddo yntau'n droi'n llamhidydd a hyd heddiw gellir clywed y creadur yn galarnadu.

NAGARARA/KARA-HU-ARA/NGARARA HUARAU

Seland Newydd. Ymhlith y Maori *atua,* neu dduwies, ydoedd y wraig dan sylw ond sonnir amdani hefyd fel *pitua,* a olygai gythraul gan frodorion gwledydd eraill yn y Môr Tawel. Gwraig brydferth ryfeddol ydoedd, a chynffon ganddi. Gan ei bod yn byw'n y môr tybir mai môr-forwyn ydoedd Ngarara, ond gallai hi gerdded yn ogystal. Dywedir mai dreiges-fôr ydoedd.

SELAND NEWYDD

Ymhlith y Maori Ati ydoedd y Pennaeth a ddaliodd fôr-forwyn a'i phriodi.

YR YNYS WERDD
Ymdebygai hon i wraig, hynny ydyw, i lawr at ei chanol. Margyzr oedd ei henw ac roedd ganddi wallt a bronnau, ond ymddengys bod ei dwylo'n hirach nag arfer ac nad oedd rhaniadau rhwng y bysedd o gwbwl. Ymdebygent i draed gweog adar y môr.

Môr-forynion y gwledydd Celtaidd

YR ALBAN
SKYE (Mac-Mhannain)
Bu i Albanwr yno ddal môr-forwyn a'i chadw am flwyddyn gron, yn ôl John Gregorson Campbell. Rhoddodd hithau wybodaeth hynod ryfeddol iddo ynghylch hyn ac arall. Pan oeddynt yn gwahanu oddi wrth ei gilydd ymhen blwyddyn gofynnodd y gŵr iddi pa rinwedd neu ddrygioni a berthynai i ddŵr sy'n weddill wedi berwi wyau ynddo. Dywedodd hithau wrtho, 'Petawn i'n d'eud yr atab wrthyt ti yna byddai gen ti chwedl i'w hadrodd!' Ac ar hyn, diflannnodd y fôr-forwyn.

EILIEN ANABUICH
Lle yng Nogledd Harris ydyw hwn a llwyddodd pentrefwr i ddal môr-forwyn a oedd yn eistedd ar graig. Er mwyn ceisio cael ei rhyddid rhoddodd dri dymuniad iddo. Do! Daeth y pentrefwr yn feddyg llysieuol hynod fedrus a allai wella clwy y marchogion ac amryw byd o afiechydon eraill y credid nad oedd gwella arnynt.

Daeth hefyd yn broffwyd a fedrai ragweld digwyddiadau, yn enwedig ym myd y merched. Ar ben hyn i gyd rhoddwyd iddo lais bendigedig (neu felly y credai ef, oherwydd pan fyddai'n canu nid oedd ei wrandawyr yn malio ffuen nac anadl am ei lais!).

MULL O'KINTYRE
Bu i un o'r dynion a weithiai'n Iard Mackenzie ar yr ynys gynorthwyo môr-forwyn a ddymunai ddychwelyd i'r môr. Am ei gymwynas rhoddodd hithau un dymuniad iddo. Dymunodd yntau am gael adeiladu llongau nad oedd modd eu suddo na cholli bywydau ohonynt tra'n hwylio'r moroedd.

CAITHNESS

Athro yn Thurso ydoedd William Munro a welodd fôr-forwyn, yn ôl adroddiad yn y *Times* ar Fedi'r 8fed, 1809. Roedd y forwyn yn eistedd ar graig, ac yn bwrw ei hamser yn cribo ei gwallt, a oedd dros ei hysgwyddau ac o liw gwinau golau. Roedd wedi bod mewn cyswllt â'r fôr-forwyn ddeuddeng mlynedd ynghynt ac yntau ar y pryd yn ysgolfeistr yn Reay, oddeutu ddeuddeg milltir i'r gorllewin o dref Thurso. Yno, ar draeth Sandside, y bu iddo ei chyfarfod.

BAE SPEY

Datgelir mewn llythyr o eiddo George McKenzie, athro ysgol yn Rathven, sir Banff, a gynhwyswyd yn yr *Aberdeen Chronicle* ar Ebrill 20fed, 1814, i ddau bysgotwr môr a drigai ym mhentref Portgordon, tra'n dychwelyd o Fae Spey, un prynhawn, weld creadur hefo gwallt byr a chyrliog, yn lwyd-wyrdd ei liw. Roedd ganddo geg anferthol, trwyn gwastad, llygaid bychain, a breichiau mawrion. O'i wasg i lawr pysgodyn ydoedd. Aeth o'r golwg cyn ail-ymddangos hefo creadures ag iddi fronnau; honno eto â chynffon pysgodyn.

Bu i'r ddau bysgotwr o Bontgordon, gymaint eu braw, rwyfo'n gyflym tuag adref, a dweud yr hanes wrth yr ysgolfeistr George Mackenzie.

CERNYW
CURY

Yno bu i hen ddyn gynorthwyo môr-forwyn i ddychwelyd i'r eigion. Fe'i wobrwywyd yn hael ganddi. O'r diwrnod hwnnw fe allai gael y gorau ar swynion dieflig, ac roedd ganddo'r gallu i gynorthwyo ac ymgeleddu ei gymdogion mewn amseroedd helbulus. Rhoddodd iddo ei chrib yn anrheg, crib a'i galluogai i siarad hefo hi os y cyffyrddai tonnau'r môr ag ef. Teclyn a wnaed o ddant siarc ydoedd, a bu'r grib ym meddiant teulu'r hen ddyn am genedlaethau.

DE CERNYW

Rhwng Down Dermy a Looe aeth llong i drafferthion a'i llong-ddryllio ar y traeth. Dial ydoedd hyn, meddid, oherwydd i ryw forwr anafu môr-forwyn. Dywedir hefyd i fôr-forwyn ddial ar ardalwr am iddo ei sarhau drwy flocio'r porthladd yn Seaton, gan ddi-freintio'r lle a'i adael yn ddi-fasnach.

CRAIG Y FÔR–FORWYN, HAFAN LAMORNA

Honnir mai yno y gwelir hi'n syllu ar ei hwyneb mewn drych ac yn trafod crib hefo un llaw; ar adegau byddai yn canu, hynny bob amser cyn y deuai drycin. O'i gweld yn nofio'n y môr, ceisiai dynion ieuainc ei dilyn ond byddent drueniaid yn diflannu am byth.

PADSTOW

Y mae'r fôr-forwyn hon wedi ei gweld ym mynedfa porthladd Padstow. Fel yn hanes Seaton hi fu'n gyfrifol am greu y gefnen dywod a elwir yn lleol yn *Doom Bar* ac sy'n blocio'r harbwr fel na all llongau mawrion fentro i Padstow. Cosbodd hi ddyn o'r dref am saethu ati hefo dryll. Cyn hynny chwarae-le tylwyth y môr-forynion ydoedd yr hafan ger Padstow.

Harbwr Padstow

ZENNOR

Ceir llun ohoni ar ochr mainc yng nghangell yr eglwys leol. Y mae ganddi wallt hir a deil ddrych a chrib yn ei dwylo. Yn y chwedl amdani dywedir bod gwraig hawddgar ei dilladau ond dieithr ei golwg wedi arfer mynychu'r eglwys am gryn flynyddoedd. Yr hyn a ryfeddodd yr addolwyr yn ei chylch oedd na heneiddiai'r wreigan 'run tamaid a chyfareddwyd ddynion ieuainc, a rhai ohonynt mewn gwth o oedran, gan yr hyn a welent. Yn ogystal â bod yn brydferth meddai ar lais hynod soniarus. Er bod yr addolwyr yn llawn chwilfrydedd ni chanfyddwyd ble roedd hi'n byw. Dywedodd rhai o drigolion Zennor iddynt ei gweld yn mynd y tu draw i Fryn Tregartha. Un diwrnod cyfarfu'r wraig ryfeddol â Mathew Trewhella, mab warden yr eglwys; roedd ganddo yntau lais canu swynol. Bu iddynt ill dau ddechrau caru ac yna diflannodd y llanc a'i gariad. Ni welwyd byth mohonynt wedyn.

Ymhen talm o amser dywedir i fôr-forwyn yng nghyffiniau Bae Pendower gyfarch llong gan achosi i'r capten brysuro oddi yno cyn gynted ag oedd yn bosibl tuag at borthladd St. Ives. Pan glywodd trigolion Zennor am y digwyddiad, cymerwyd yn ganiataol mai y wraig ddieithr a fynychai wasanaethau'r eglwys a welwyd yn yr eigion, ac mai môr-forwyn ydoedd hi. Dywedid yn lleol mai hon a fu'n gyfrifol am hudo Mathew Trewhella oddi tan donnau'r môr. A dyna sut y daeth hi'n rhan o'r cerflun ar fainc yng nghangell eglwys Zennor.

YR IWERDDON

Eirne yn yr Wyddeleg ydyw'r enw am y cefnfor. Ceir hanes y fôr-forwyn Mary Kinney mewn hen gerdd Wyddelig sef *An Mhaighdeasm Mhara*. Tra'n pysgota yn y môr fe'i delir gan bysgotwr a chymera hwnnw ei chap oddi ar ei phen. Â'r pysgotwr â hi i'r tir ac yno y mae Mary Kinney yn anghofio ei gorffennol yn yr eigion ac i bwy y perthyn. Cuddir y cap mewn hen gist yn ysgubor y fferm. Genir plant iddi, bachgen a geneth, ond y mae'r ddau yn taro ar y gist yn yr ysgubor a dod o hyd i'r cap. Fe'i cyflwynir i'w mam gan y plant. Y mae hithau'n ei wisgo ac yn dwyn i gof ei gorffennol. Dychwelyd i'r eigion fu ei hanes hi wedyn.

Ymddengys bod hefyd goel fel a ganlyn: os daw bodau dynol o hyd i gapiau a berthyn i fôr-forynion a'u gwisgo, yna etifeddir nerthoedd a berthyn i'r creaduriaid. Y mae'r penwisgoedd (*cohuleen druith*) yn cynorthwyo'r môr-ddynion a'r môr-forynion i deithio'n hwylus yn nyfroedd a cherrynt yr eigion. Yn ddiddorol, ond ni wyddys paham ychwaith, yn siroedd Corc, Kerry a Wecsfford y mae'r môr-forynion yn gwisgo capiau cochion bychain sydd wedi eu ffurfio o blu.

LLYDAW

Rhywle rhwng porthladd Brest ac Ynys de Quessant a dinas *Ker Ys* oddi tan donnau'r môr dywedir bod môr-forynion yn trigo.

CARWRIAETH MÔR-FORWYN – YNYS MANAW

Byddai llanc o fugail yn arfer dilyn ei ddefaid ar hyd y creigiau ar y glannau a byddai môr-forwyn yn dyfod ato o'r eigion ac yn cyd-eistedd hefo fo. Roedd hi'n hynod brydferth a byddai'n fynych yn cyflwyno iddo berlau, cwrelau a chregyn amrhisiadwy. Roeddynt bron dallu'r llefnyn gan mor llachar oeddynt. Byddai hi hefyd yn gwenu'n dirion arno ond ymhen amser dechreuodd yntau ofidio ac ofni. Onid oedd hi â'i breichiau drosto? Beth petae hi'n ei dynnu i'r môr, meddyliodd? Tynnodd ei hunan oddi wrthi a rhedodd ymaith. Ni hoffai hi hynny o gwbwl, a chododd garreg a'i thaflu at y bugail. Teimlodd yntau boen yn ei ymysgaroedd ac ymhen wythnos bu farw.

DIALEDD MÔR-FORWYN YNYS MANAW

Rhoddodd hon ei bryd ar garu llanc prydweddol a gyfarfu ar lan y môr, ond ni fynnai ef ddim i'w wneud â hi. Oeraidd ddigon oedd ei ymddygiad tuag ati, a bu iddi benderfynu dial. Cosbodd holl drigolion yr ynys; disgynnodd niwl dros yr holl wlad a bu'n rhaid i'r bobl adael eu gwaith. Dialodd y fôr-forwyn yn ogystal ar longau. Cafwyd peth wmbreth o long-ddrylliadau disymwth. Roedd hi wedi gyrru melltith y *pishag* ar hyd y wlad. Penderfynodd y trigolion weld beth yn hollol oedd yn achosi'r niwl – hwyliasant tuag at wlad y môr-forynion ac wedi glanio bu'n ysgarmes ffyrnig ond llwyddodd y trigolion i'w trechu.

Ar drywydd môr-forynion yng Nghymru

*Arfbais teulu'r parchedig J. C. Williams-Ellis,
Glasfryn, plwyf Llangybi, Arfon. Roedd ganddo ddiddordeb yn y môr ac yn
berchen ar gwch stêm. Defnyddiodd ei fab, Clough Williams-Ellis, yr un fôr-
forwyn fel eicon ym mhentref Portmeirion.*

MYRDDIN FARDD (JOHN JONES) A'R FÔR-FORWYN

Y mae rhai pobl gall gyfrifol, yn awr yn fyw, yn tystiolaethu
ddarfod iddynt weled amryw ohonynt o dro i dro, ar bennau
cerrig, uwchlaw wyneb y môr, wrth y gorchwyl o gribo a

threfnu eu gwallt. Darlunnir y Fôr-forwyn o liw gwinau tywyll, â'i hwyneb yn debyg i wyneb dyn, safn fawr, trwyn llydan, talcen uchel, llygaid bychain, heb un ên na chlustiau, ei breichiau yn fyrion a di-blyg, a'i dwylo fel dwylo dyn, ond fod ei bysedd wedi eu huno â math o groen tenau, ac o'i gwregys i lawr yn bysgodyn, a'i rhai bach yn sugno fel plant dynol.

o *Llên Gwerin Sir Gaernarfon*, 1908

MÔR-FORWYN TRAETH ABERGELE
Oddeutu'r flwyddyn 1853 ymddengys i fachgen tua wyth i ddeng mlwydd oed gerdded ar hyd traeth Abergele, a gweld yn y pellter wrthrych a oedd yn symud ei ben o un ochr i'r llall. Wedi dyfod yn agos ato, gwelodd mai merch ydoedd a'i bod yn trin ei gwallt fel petai ar gychwyn ar daith. Nid oedd ganddi grib na drych i edrych arno ond roedd ei bysedd meinion o wasanaeth iddi. Fe'i disgrifir fel bod ganddi wallt 'mor lluniaidd â thonnau'r môr ar dywydd teg, ac yn disgyn dros ei hysgwyddau o liw golau, tonnog, a'r rhaniad yn gywir yn y canol. Yr oedd gwên ar ei hwyneb'.

Terfynir yr hanes uchod, a ymddangosodd yn *Cymru'r Plant*, hefo'r fôr-forwyn yn gofyn am gael ei dychwelyd i'r môr. Sylwer mai yn yr iaith Gymraeg y siaradodd hi. Y rheswm a roddir am hyn ydyw bod ganddi glustiau mor denau â'r ewig fel y medrai glywed y morwyr yn siarad Cymraeg ar y glannau ac o ganlyniad dysgodd yr heniaith yn rhwydd. Er hynny, yn rhai o'r cymunedau pysgota a siaradai Gaeleg yn yr Alban ac Iwerddon credid mai tylwyth teg ydoedd y morloi a fodolai yn y rhan hwnnw o'r byd ers ei greu a gan hynny ni wyddent am unrhyw iaith arall *ond* Gaeleg. Meddai Robert Evans, Maerdy, yn *Cymru'r Plant* yn 1903;

> Wedi ei rhoi yn y dŵr, er gwlychu ein traed, yr oedd yr olygfa yn fendigedig wrth iddi fynd i'w chyneddfan, fel yr oedd yn chwarae ac ymlawenhau:

> Gan dwcio a thwcio, ffwrdd â hi,
> O don i don ym merw'r lli';

A'i llais gyrhaeddai atom ni,
Gan ddweud 'Ffarwel i chwi'.

Wedi inni fynd adref, ac adrodd yr hyn a welsom, canmolodd
fy nhad ni am fynd â hi yn ôl i'r dŵr . . . Ac os ydyw y ddau
gydymaith oedd gyda mi ar y traeth ar dir y byw, ac os y
gwelant y llinellau hyn, carwn weld ysgrif fechan o'u profiad
. . . yn ogystal â'u tystiolaeth i'r hyn yr wyf wedi ei ddweud.

Dywedir yn yr un darn bod y fôr-forwyn a welwyd ar draeth Abergele
wedi peri llawer o ddychmygu a dyfalu. Sonnir am wahanol barthau
a dywedir;

. . . bod môr-ddynion a'r môr-forwyn yn cyfaneddu ym môr y
Norwygiaid. Canys yn y flwyddyn 1719 fe gafwyd fôr-ddyn yn
farw ar drwyn o dir yn Norland. Yr oedd y creadur hwn o liw
gwinau tywyll, a chanddo wyneb mewn ryw ystyr yn debyg i
ddyn. Yr oedd ei enau yn fawr, trwyn llydan, talcen uchel,
llygaid bach; ond nid oedd ganddo ên na chlustiau.
    Yr oedd iddo freichiau byrion, ond diblyg, a'i ddwylo yn lled
debyg i ddyn, ond bod ei fysedd yn cael eu huno â'i gilydd gan
fath o groen tenau. Yr oedd y rhan arall o'i gorff yn feiniach
tua'i gynffon, fel pysgodyn arall, a'i hyd oddeutu chwe llath.
    Mae'r fôr-forwyn o'r un fath, ond bod y rhai hyn yn
gwahaniaethu yn eu rhywogaeth ac yn debyg i fenyw – mae
ganddynt fronnau, ac y mae y rhai bach yn eu sugno fel
plentyn.
    Mae y creaduriaid hyn mewn llawer o fannau yn y Gogledd,
ac o amryw faintoli, sef o ddwy droedfedd i dri gwrhyd o hyd.
    Y mae yn amheus gennyf a ydynt yn gallu siarad o gwbl. Os
ydynt, ai nid yw'n bosibl iddynt allu siarad Cymraeg fel rhyw
iaith arall?

ABER-ARTH, CEREDIGION
Yn ei gyfrol *Mysterious Wales* dywed Christopher Barber hanes am
ddau bysgotwr o Aber-arth yn pysgota a dal môr-forwyn mewn

rhwyd; rhyw feddwl ei chodi i'r cwch a mynd â hi i'w dangos i'r trigolion yn Aber-arth. Hithau'n dweud wrthynt:

Gadewch fi yn rhydd
Ac mi a'ch cofiaf rhyw ddydd.

Ufuddhaodd y pysgotwyr i'w chyngor, ac ni welsant hi wedi hynny. Yr oeddynt yn siarad yn dra aml amdani, ond un noson dawel, a hwythau'n pysgota'n y môr, daeth y fôr-forwyn i'r fei, ac ebe hi wrth un o'r pysgotwyr:

Cwyd dy swang
A cer i'r lan.

Aethant yn eu holau i Aber-arth, ond cael a chael fu hi. Cyn gynted ag roedd eu traed ar dir sych, daeth yn gythgam o storm, ac oni bai am rybudd y fôr-forwyn byddent wedi bod yng nghanol helbulon di-rif yn y môr, ac wedi eu colli. I ryw raddau yr un chwedl ydyw'r uchod â'r hyn a geir yn Aberporth.

ABERBACH, PENFRO
Y mae fferm o'r enw Treseisyllt wrth ymyl y traeth yn Aberbach, gogledd Penfro. Un bore braf cafodd y ffermwr gryn fraw o ganfod ar y traeth 'wenhidw', sef môr-forwyn, yn gorffwyso ymhlith y graean ar y traeth, wedi ei gadael yno rhwng dau lanw . Eto, roedd hon yn hardd dros ben hefo gwallt hir-felyn. Penderfynodd y ffermwr ifanc a'i gwelodd yn y fan a'r lle gael y fôr-forwyn brydferth yn gymar iddo, a chludodd hi o'r traeth. Drwy'r amser roedd yn chwipio'i chynffon yn wyllt, ond llwyddodd y llanc i gyrraedd y ffermdy hefo'r fôr-forwyn yn ei freichiau.

Gadawodd hi ar yr aelwyd mewn twb hefo digon o ddŵr hallt ynddo. Cwynodd hithau nad oedd diben ei chadw yno; byddai cyn bo hir yn ben-llanw a doeth fyddai ei dychwelyd i'r traeth. Ni wrandawodd y llanc ifanc arni o gwbl. Gwylltiodd y ferch, ac wedi iddi ofyn iddo'r eilwaith ei rhyddháu, a dim byd yn tycio, dyma hi'n melltithio, hynny ydyw, yn rhoi cyfaredd ynghlwm wrth y fferm.

Ni fyddai mwy o fabanod yn cael eu geni yno fyth, meddai, oherwydd creulondeb y mab o ffermwr tuag ati'n ei chaethiwo yn erbyn ei hewyllys. Cynhyrfodd hynny yr amaethwr yn enfawr a dychwelodd i'r traeth, a hynny ar gryn frys, gan ei fod yn ofni y byddai'r fôr-forwyn yn dial arno.

Er ei holl ymdrechion i wneud iawn am y cam, roedd yn llawer rhy hwyr iddo ddadwneud y felltith, ac am dros ganrif ni fu geni babanod yn Nhreseisyllt. Ebe un hen wag o ffermwr wrth ffermwr llawer ieuengach a oedd newydd brynu'r hen le oddi wrtho; 'Duw, rwyt ti'n fachan lwcus!' 'Sut hynny?' meddai'r gŵr ifanc wrtho, a'r llall yn ateb hefo gwên fawr; 'Ma' nhw'n d'eud na ddigwydd geni plentyn fyth eto'n Nhreseisyllt. Meddylia yr hyn a olyga hynny hefo'r holl forynion fferm pert dan yr un to â chdi!'

ARFON
Tybir yn yr hen sir Gaernarfon i rhyw ddyn neu'i gilydd gaethiwo môr-forwyn mewn ystafell hefo bollt soled ar y drws, ac er iddi hi ymbilio droeon arno i'w gollwng yn rhydd ni wrandawodd y cena' drwg arni. O ganlyniad, bu farw ymhen tridiau ac wedi hynny cafodd y dyn a'i caethiwodd ei felltithio. Cafodd fywyd annioddefol o galed a bu yntau farw mewn modd trallodus dros ben.

Ystyria rhai o'r hen bobl a arferai fyw ar y glannau y deuai anlwc os bygythid neu niweidid môr-forynion. Credid yn ddigamsyniol bod dialedd yn goddiweddyd pob creulondeb.

ABERPORTH, CEREDIGION
I'r De o Geinewydd, Ceredigion. Yma ceir fersiynau o'r un chwedl ag yn Aber-arth; hefyd Llandudoch a Llandrillo yn Rhos.

CEINEWYDD, CEREDIGION
Ar garreg o'r enw Carreg Ina gwelwyd môr-forwyn yn aml wrth ei hunan. Nifer o bysgotwyr a'i daliodd. Erfyniodd hithau arnynt i'w rhyddhau o'r rhwydi, ac fe wnaethant. Bu iddi barchu'r hyn a wnaeth y pysgotwyr drwy eu rhybuddio o'r ystorm a oedd ar ddyfod. Heblaw'r pysgotwyr a gynorthwyodd y fôr-forwyn, boddi fu hanes bob un o'r pysgotwyr eraill.

Tref Conwy, hen gerdyn post diddorol,
a thref a felltithwyd gan fôr-forwyn

CONWY

Brodor o bentref Trefriw, Nant Conwy, ydoedd Morris Hughes. Chwarelwr ydoedd cyn iddo adael Trefriw am dref Llanrwst. Golchwyd môr-forwyn i'r lan ar greigiau ger Conwy wedi ystorm, a gofynnodd hithau i bysgotwyr lleol ei chynorthwyo'n ei hôl i'r môr. Ni wrandawyd arni a bu iddi farw. Ebe un rhigwm:

Y forforwyn ar y traeth
Crio, gwaedu'n arw a wnaeth,
Ofn y deuai drycin drannoeth:
Yr hin yn oer a rhewi wnaeth.

Ond cyn marw bu iddi felltithio trigolion Conwy. Dywedodd y buasent bob amser yn dlawd. Y mae hanesyn yn bodoli sy'n amlygu cymaint ydoedd y tlodi yng Nghonwy – byddai dieithryn ar ymweliad â'r dref a sofren aur ganddo i'w gwario yn gorfod aros i fasnachwyr groesi i Lansanffraid Glan Conwy er mwyn cael iddo arian mân i'w rhoi yn newid iddo.

Ymhen canrifoedd wedi hynny bu i rai o bobl tref Conwy fynd ati i godi neuadd yn y fan lle y credir i'r fôr-forwyn farw. Fodd bynnag, yn 1966 llosgodd y neuadd, ac yna ymhen ychydig flynyddoedd pan losgodd y llyfrgell, a adeiladwyd ar safle'r neuadd, dywedodd rhai o'r trigolion iddynt glywed chwerthin y fôr-forwyn.

LLANDRILLO YN RHOS
Mae'r hanesyn canlynol yn ymddangos yn y gyfrol *Celtic Folklore* gan John Rhys. Llwyddodd pysgotwr o Landrillo-yn-Rhos rhwng Colwyn a Llandudno ddal môr-forwyn yn ei rwyd. Erfyniodd hithau arno i'w rhyddháu gan addo iddo y byddai'n talu'r gymwynas yn ei hôl iddo. Fe wnaeth yntau hynny ac ymhen amser ymddangosodd y fôr-forwyn yn sydyn yn y dŵr wrth ymyl cwch y pysgotwr a gweiddi arno; 'Siôn Ifan, cwyd dy rwydau, a thynn tua'r lan'.

Ufuddhaodd, ac yna'n hollol annisgwyl daeth yn storm ofnadwy. Boddwyd nifer o'r pysgotwyr lleol ond nid Siôn Ifan.

Gweler hefyd Llandudoch.

LLANDUDOCH
Adroddir hanes pysgotwr, llanc ifanc o'r enw Pergrin; a darodd un prynhawn heulog rhyw fis Medi ar ferch hardd yn eistedd ar graig ger Pen Cemes. Wrthi'n cymennu ei gwallt roedd y fôr-forwyn a bu i'r pysgotwr fynd â hi adref yn ei gwch. Siaradai Gymraeg hefo Pergrin ond cyn bo hir dechreuodd y ferch wylo'n hidl. Erbyn hyn roedd ei gwallt yn sypyn aflêr.

Dywedodd wrth Pergrin ei bod eisiau dychwelyd i'r môr a phetai o'n cyflawni hynny y byddai hi'n rhoi rhybudd, a hynny deirgwaith, iddo pe byddai o mewn perygl. Bu iddo ei rhyddháu ac ymhen amser, ar brynhawn poeth a'r môr yn dawel, daeth y fôr-forwyn i'r golwg a gweiddi arno; 'Pergrin! Pergrin! Pergrin! Cymer dy rwyf! Cymer dy rwyf! Cymer dy rwyf!' Prysurodd yntau'n ei gwch tua'r lan ac erbyn cyrraedd Pwll Can roedd hi'n ystorm enbyd. Collwyd nifer o bysgotwyr y diwrnod hwnnw.

Gweler hefyd Llandrillo-yn-Rhos.

LLANWNDA, SIR BENFRO

Daliwyd môr-forwyn ar greigiau Carreg Wastad, ger Llanwnda, a llwyddwyd i'w chadw'n fyw. Credir bod yr hanes yn deillio o ddechrau'r ddeunawfed ganrif. Fe'i cludwyd, druan bach, dan brotest o'r traeth.

Roedd y dynion a'i daliodd yn byw ar fferm heb fod ymhell o Lanwnda. Bu hithau yn byw yno am sbel ond yn fuan iawn rhybuddiodd bod angen ei rhyddid arni a'i bod yn dymuno dychwelyd i'r môr. Bu i'r gŵr gytuno â'i deisyfiad a rhoddodd hithau dri cyngor buddiol i'r personau a'i rhyddhaodd. Nis gellid cofio ond un o'r cynghorion sef gofalu sgimio croen cawl/potes ac ychwanegu ato bob amser lefrith melys a fyddai'n wynnach na gwyn ac yn digoni pawb! Canfu'r teulu a ddychwelodd y ferch i'r eigion eu bod wastad ar ben eu digon!

LLANYCHAIARN, CEREDIGION

Ym mis Gorffennaf 1826 bu i amaethwr weld gerllaw ei gartref, oddeutu tair milltir o Aberystwyth, fôr-forwyn yn ymolchi yn y môr o fewn tafliad carreg iddo. Aeth yntau i nôl ei deulu a dywedodd wrthynt am wylio'r greadures o bellter heb ddatgelu iddi eu cuddfan na tharfu arni; ond aeth gwraig y ffermwr yn llawer rhy agos ati ac wrth reswm fe'i gwelwyd. Ar amrantiad nofiodd y fôr-forwyn oddi wrthynt. Rhedodd teulu'r amaethwr ar y lan am fwy na hanner milltir er mwyn ceisio cadw cyswllt gweledol â'r fun yn y dŵr ac yna fe'i gwelwyd yn eistedd ar garreg yn y môr. Roedd hi'n edrych fel lodes oddeutu deunaw mlwydd oed gyda gwallt byr eithaf tywyll a chroen cyn wynned â'r eira. Roedd ganddi gynffon a godai fry y tu ôl iddi. Gwnâi sŵn tebyg i disian a oedd yn atseinio trwy'r creigiau gerllaw. Yna, diflannodd o'r golwg.

MAEN DYLAN

Cafodd bachgen o'r enw Deio ei hudo gan fôr-forwyn yn ôl *Cymru Fu* yn 1862; ac aeth i fyw i'r un wlad â hi. Yno galwyd Deio wrth yr enw Dylan. Dywedir iddo aros yno, 'heb fyth ddyfod yn nes i dir ei dadau na'r maen a elwir ar ei enw, sef yw hwnnw Maen Dylan, ac yn Llanfeuno [hen enw ar Glynnog Fawr, Arfon] mae'r maen hyd heddiw i'w weld'.

MOEL Y GEST

Bu Twm Siôn Siams, nai i forwr o Foel y Gest, yn adrodd fel y bu i'w daid, Dafydd Siôn Siams, garu â môr-forwyn. Roedd gan Twm frithgof am y lodes. Bu Twm farw rhywdro yn 1835 neu 1836.

OGOF DEIO, AC IFAN MORGAN YN PRIODI MÔR-FORWYN

Daliwr mecryll a chribiniwr traethau ydoedd Ifan Morgan. Cyfarfu â môr-forwyn ond pan fu iddo afael yn ei llaw dechreuodd 'ysgrechian fel ysgyfarnog mewn rhwyd'. Daliai yn ei llaw grib aur, roedd cadwyn o berlau am ei gwddf ac roedd hi'n noethlymun groen. Ofer fu ei ymdrechion i gyfathrachu hefo hi. Gwrthodai bob cyfle wneud dim byd ag o. Gadawodd Ifan hi ac aeth tuag at Ogof Deio ble daeth o hyd i gist wedi ei golchi i'r lan. Canfu ynddi drysorau a chludo'r cyfan adref. Dychwelodd drannoeth i Ogof Deio a gweld yno eto'r fôr-forwyn yn trin ei gwallt. Roedd hi wedi newid ei hagwedd – yn un llaw daliai goron aur ac yn y llall gap o wneuthuriad rhyfedd, ac erfyniodd arno i'w chymryd i'r tir mawr. Ei henw ydoedd Nefyn merch Nefydd Naf Neifion.

Priododd hi ac Ifan. Dywedir iddo ymhen amser fynd i fyw yng ngwlad y môr-forynion ble rhoddwyd iddo'r enw Dylan. Ganed i Nefyn ac yntau blant, ac ni ddychwelodd fyth wedyn i dir ei dadau.

PENTYWYN, SIR GAERFYRDDIN

Mewn pamffledyn a gyhoeddwyd yn 1604, sy'n un o bamffledi printiedig cynharaf casgliadau'r Llyfrgell Genedlaethol, ceir hanes yn y Saesneg am *Y Pysgodyn Anferthol*, sef creadur tebyg i fôr-forwyn a ganfyddwyd ar draeth ger Pentywyn. Gŵr o'r enw P.G. sy'n adrodd yr hanes wrth ei gefnder, sef M.H.P. sy'n byw'n Llundain.

Yn ôl awdur y pamffled y mae gweld rhyfeddodau'n brawf ddigamsyniol o fawredd Duw Dad ac yn rhybudd parod i beidio â phechu.

Thomas Reynold, iwmon lleol gonest a chwbl ddibynadwy, yn byw'n y fro, a welodd y greadures gyntaf ar y traeth ger Pentywyn. Gofalodd bod llygad-dystion hefo fo. Buont yn gwylio'r greadures yn nofio'n y môr am tua tair awr. Merch ydoedd hyd at ei chanol, a chynffon pysgodyn ganddi.

'Monsterous fish'
– hanes gweld môr-forwyn yn Sir Gaerfyrddin

'Y Pysgodyn Anferthol' a gyhoeddwyd
yn 1604. Daw'r darn hwn o Llafar Gwlad.

Gwallt hir oedd ganddi, sylwer, a'r unig beth damaid bach yn wahanol i fôr-forwyn ydoedd mai wyneb ci oedd ganddi. Lledaenodd yr hanes fel tân gwyllt drwy'r gymdogaeth a phwy ddaeth draw ond Wiliam Saunders, un o swyddogion brenin Lloegr. Dechreuodd hwnnw groes-holi Thomas Reynold a'r llygaid-dystion eraill ynghylch yr hyn a welsant, ond y diwedd fu i Saunders dderbyn yr hyn a ddywedodd Reynold a'r lleill wrtho.

PORTH Y RHAW I'R GOGLEDD O DYDDEWI
Un dydd ger Porth y Rhaw gwelodd gweithwyr a ddringodd i lawr i'r traeth o'r chwarel, un o 'blant Rhys Dwfn' (enw arall am fôr-forwyn)

yn eistedd ar graig yn twtio ei gwallt. Aethant ati, a bu iddi siarad yn y Gymraeg hefo nhw. Dywedodd wrthynt cyn diflannu i'r môr; 'Medi yn sir Benfro, a chwynnu yn sir Gaerfyrddin'. Gall hyn gyfeirio at ddigonedd mewn un sir a gwir angen mewn sir arall.

SAUNDERSFOOT, SIR BENFRO
Yno, ar Graig y Fôr-forwyn, wedi ei dal ar y creigiau gan y llanw, gwelwyd môr-forwyn. Bu i ŵr gludo'r greadures yn ei freichiau a'i gadael yn y môr. Ail-ddychwelodd hithau a gwobrwyo'r dyn hefo aur ac arian.

TREFRIW
Roedd gŵr lleol o'r enw Pierce Williams, pan oedd oddeutu saith deg mlwydd oed, yn dweud iddo gofio, yn nyddiau mebyd, pobl yn dweud iddynt weld môr-forwyn yn afon Trefriw.

ESGID/HET MÔR-FORWYN
Gwelir yn aml ar hyd glannau y môr, ebe Myrddin Fardd, math o wymon neu chwyn y môr a adnabyddir wrth yr enw Esgid Môr-Forwyn; hefyd cragen a elwir Het Môr-Forwyn.

PWRS Y FÔR-FORWYN
Pwrs du ei liw o ddefnydd tebyg i gorn caled. Nid môr-forwyn a'i collodd. Sach ydyw sy'n dal wyau cath fôr. Wedi i'r wyau sydd ynddo droi'n bysgod bychain gadewir y pwrs yn wag, ac fe'i cludir hefo tonnau'r môr tua'r traethau a'i adael yno'n rhan o'r broc môr.

CARTREFI MÔR-FORYNION YN YR EIGION
Ar arfordir sir Aberdeen yn yr Alban y mae clogwyni Bullers O'Buchan, i'r gogledd o Fae Cruden. Yno ceir ogofeydd y dywedir sy'n gartrefi i'r môr-forynion.

Dadansoddi ymhellach

Mewn nifer o'r chwedlau hyn mae'r môr-ddynion a'r môr-forynion yn meddu ar wybodaeth go drylwyr am yr eigion a'r tywydd ac, fel yn y chwedl am Pergrin, yn medru rhybuddio bodau dynol o'u dewis (ond nid pawb, sylwer) am yr ystormydd sydd ar fin dyfod. Sylwer hefyd sut mae ennill ffafr yn esgor ar gymwynas.

Yn aml iawn bydd môr-forynion yn gwirioni'n lân hefo dynion glandeg a fynn ymserchu ynddynt. Bydd y dynion hefyd yn cael eu denu gan eu prydferthwch. Sylwer ar y defnydd a wneir o'r grib neu ddrych, a denu eu dewis-ddyn hefo canu swynol. Yn yr hen chwedlau clasurol dyma ddigwydd hefyd ym mydoedd y *siren*.

Er bod môr-forynion yn gofalu am eu cariadon y mae'r berthynas rhyngddynt ar brydiau'n gwanhau a phethau'n troi'n chwerw, yn enwedig ble y mae gorfodaeth arnynt neu y dangosir greulondeb tuag atynt gan fodau dynol. Y llinynnau mesur a osodir ganddynt ydyw ceisio gweld a deall i ba raddau y dengys dynion barch a charedigrwydd tuag atynt. Mewn rhai achosion dilyna bodau dynol y môr-forynion i'w cyn-gynefinoedd; hynny ydyw, fe'u trawsffurfir i fod yn un ohonynt. Y mae'r chwedl am Ifan Morgan yn dystiolaeth o hynny.

Yn yr Alban adwaenid y fôr-forwyn fel *muir-òigh, miaghdean mhara*, ac fe'i disgrifir fel 'creadures y môr' sy'n hanner pysgodyn a hanner gwraig. Y mae ei gwallt wastad ar chwâl a bydd yn ystod y nos yn eistedd ar greigiau wrth lan y môr, wrthi'n ddygn yn cribo ei gwallt. Yr hyn sy'n ddiddorol ydyw bod y fôr-forwyn yn medru cael gwared o'i ffurf pysgodyn, a bod pwy bynnag sy'n medru taro ar y rhan hwnnw o'i chorff yn medru ei guddio oddi wrthi. Drwy hynny fe'i rhwystrir rhag dychwelyd i'w chynefin yn y môr.

Mewn amryw byd o'r chwedlau trefnir priodasau rhwng môr-forynion a bodau dynol. Bydd y dynion gan amlaf yn lladrata eu capiau plu (*cohullen druith* yn yr Wyddeleg). Ambell dro, nid y capiau a gymerid oddi wrthynt ond eu gwregysau, cribau neu ddrychau. Dengys hyn yr ymgais a wneid i feddiannu eneidiau a chyrff personau eraill a oedd yn ddieithr a thamaid yn wahanol iddynt. Dyma, yn ei hanfod, beth fu polisi'r Ymerodraeth Brydeinig 'slawer dydd: gorfodi brodorion a goncrwyd i wisgo, trin eu gwalltiau, a siarad fel hwythau.

Gyda'r môr-forynion ceisid cuddio'r gwrthrychau a oedd yn gyfarwydd iddynt fel na allent eu defnyddio: yn syml, eu di-bweru.

138

Gwelir, fodd bynnag, bod y gwrthrychau a ddaethant hefo nhw o'r eigion a'r oll a berthyn iddynt yn rhan allweddol ohonynt ac yn rhoi nerth o'r mwyaf iddynt hyd yn oed ar dir sych. Heb y creiriau hyn roedd dynion yn ddiogel rhagddynt; fel petai swynion yn perthyn i gribau a drychau. Pe byddai'r môr-forynion yn dyfod o hyd i'r gwrthrychau a guddiwyd oddi wrthynt yna ni fyddai eu byd daearol newydd mwyach yn atyniad iddynt, a dychwelyd i'w cynefinoedd yng nghanol yr eigion fyddai eu hanes bob gafael.

Sylwch hefyd fel y mae ambell fôr-forwyn yn fwy hirben nag eraill o'i chaethiwo yn ail-ganfod yr hyn y bu iddi ei anghofio. Fe'i hatgoffir o'i chyn-fywyd a llwydda i ddianc i'r môr!

Ymddengys bod môr-forynion yn debyg i'r hen dduwiau môr a'u bod yn goroesi o'r hen fyd hwnnw, ac wedi mabwysiadu swyddogaethau'r duwiau hynny. Yma eto y mae'r dieithr yn cyfathrebu hefo'r newydd, a dau ddiwylliant neu fodolaeth yn toddi i'w gilydd. Nid da mo hynny ar brydiau gan fod y cyfan yn diweddu mewn gwrthdaro yn hytrach na chytgord.

Yr un thema'n gywir a geir yn y chwedlau am Gymry yn priodi â thylwyth teg ger Llyn y Fan, a'r Dyffryn Gwyn rhwng Pennal a Thywyn ym Meirionnydd.

Ceir hefyd goel bod môr-forynion, o'u gweld ym moroedd y byd, yn rhai eithriadol o beryglus ac yn erlid unrhyw forwyr a welent ar gychod neu longau. Hen dric gan forwyr o'u gweld ydoedd taflu casgenni gweigion i'r dwfn oherwydd byddai hynny'n ddigon o foddion i'r creaduriaid hanner-gwragedd hanner-pysgod ddechrau ystwna ynghylch beth oedd yn y casgenni a thrwy hynny golli diddordeb dros dro'n y llongau a'r morwyr!

Ar fordaith byddai gweld môr-forynion yn golygu nad hapus fyddai diwedd y siwrne honno. Llongddryllid morwyr o'u gweld. Dro arall mi fyddai fel y siren yn chwedloniaeth Groeg yn mynd ati i hudo morwyr i'w marwolaethau.

Ond efallai mai'r hyn a roddodd fodolaeth i fôr-forynion ydyw dynion eu hunain, a pha beth sy'n well na dychmyg rhonc ymhlith morwyr! Gwelir hynny drwodd a thro yn yr ystorïau am greaduriaid nad oeddynt yn rhyw gyfarwydd â hwynt, nag erioed cyn hynny wedi taro arnynt.

Gyda'r môr-forynion yn ogystal fel ag yn yr hanesion am seirff-môr a'r *kraken*, hawdd ydoedd camgymryd a rhoi rhaff i'r dychymyg. Byddai morwyr yn aml am flynyddoedd meithion yn gwneud dim byd ond mordeithio, ac yn diflasu tra'n syllu o un dydd i'r llall ar undonedd tonnau'r môr. Mae'n sicr eu bod yn unig; ac yn feddyliol a chorfforol dyheuent am gwmni'r rhyw deg. Hawdd ydoedd ffantasïo! Hawdd ydoedd creu, o gofio y byddai'n amser maith cyn iddynt daro ar dir sych, a chwmni merched!

Môr-forynion? Beth ydynt?

AI BUWCH FÔR / MÔR FUWCH?
Buwch Fôr Steller; Lladin *Hydrodamalis gigas*. Mamal mawr a berthyn i deulu'r Sirenia, a welwyd ar un amser o gwmpas Ynysoedd Commander ym Môr Bering. Gelwir hefyd y *dungong* a'r *manatî* yn wartheg y môr. 7.5 metr o hyd; pen bychan; cynffon lydan wastad wedi ei fforchio; croen rhuddgoch tywyll, weithiau hefo haenau, neu smotiau gwynion; yn ddi-ddannedd, ac yn hoff o fwyta gwymon. Bu dyn yn ei hela'n ddi-drugaredd ac erbyn y flwyddyn 1768 roedd y rhywogaeth, a gafodd ei ddisgrifio gyntaf gan Georg Wilhelm Steller yn 1741, wedi diflannu o Fôr Bering.

Y farn: Mi all y rhain fod yn fôr-ddynion/fôr-forynion.

AI DUGONG?
Fe'u ceir yn nyfroedd arfordirol Cefnfor yr India, a rhan orllewinol y Cefnfor Tawel. Maint: 2.5 metr i 4.5 metr. Mae ganddynt ysgithr-ddannedd (tysgiau).

Y farn: Digon posibl unwaith eto.

AI MANATÎ?
Manatî/walrws.
Y mae'r creadur uchod yn gadael i'w rhai bychain sugno eu llefrith ar greigiau neu uwchlaw'r dyfroedd. Fe'i ceir rhan fynychaf ar arfordiroedd moroedd trofannol ac is-drofannol ac ar bob ochr i Fôr yr Iwerydd. Mwy o ddannedd na'r dugong gan y manatî.

Y farn: Hen ddigon posibl!

AI MORLOI?

Nid oes unrhyw amheuaeth mai morloi oedd môr-forynion. Hawdd
ydoedd eu camgymryd am fodau dynol yn y tonnau, hefo eu llygaid
deallgar a'u wynebau dynol. Medrent hefyd wneud sŵn heb fod yn
anhebyg i'r llais dynol.
Y farn: Ie! Mae hyn i gyd yn ddigon posib!

Sylwch ar yr ergyd feiddgar gan awdur erthygl a ysgrifennwyd yng
Nghymru'r Plant yn 1903 sy'n trin a thrafod morloi:

> Hawdd y gall cydwybod y byd fod yn glwyfedig wrth gofio am
> y creulondeb wneir i'r creadur roddodd fod i fôr-forwyn
> dychymyg. Lleddir hwy wrth y miloedd bob blwyddyn, yn y
> dull mwyaf barbaraidd, er mwyn eu crwyn i weini balchder
> merched cyfoethog . . .
>   Pan gaiff yr helwyr lond eu llongau o grwyn, gadawant
> ddegau o filoedd o forloi bychain amddifad i farw o newyn.
> Peth torcalonnus . . . yw gweled y rhai bach yn ceisio sugno
> bronnau eu mamau meirwon. Ymlusgant drostynt drachefn a
> thrachefn, nes y byddant yn gochion gan waed; gwthiant yn eu
> herbyn â'u trwynau, gan ddisgwyl eu cynhaliaeth arferol, gan
> godi cri boenus . . .
>   Pe medrid dychmygu fod miloedd o fabanod o'n cwmpas,
> pob un yn gweiddi ar uchaf ei lais, ceid rhyw syniad am y sŵn.
> Y mae eu cri yn debyg iawn i gri plentyn.

MORLOI, MÔR-DDYNION, A MÔR-FORYNION

Sylwer ar y pwyslais a roir ar ben-wisgoedd ym myd môr-forynion
a'r môr-ddynion. Y mae hyn yn dra arwyddocaol. Coleddid y gred
bod eneidiau morwyr a foddodd wedi eu trosglwyddo a'u
hymgorffori mewn cyrff morloi. Cofnododd Robert Hunt bod pobl
Cernyw, a hynny yn y bedwaredd ganrif ar bymtheg, yn gwybod hyd
sicrwydd am fodolaeth môr-forynion, ac mai morloi oeddynt. Wrth
gael gwared o'r penwisgoedd, diddorol sylwi ymhellach ar y
trawsnewid a ddigwydd. Creadur/creadures y môr yn dyfod ar dir
sych a bodau dynol yn cuddio'r penwisgoedd e.e. mewn cistiau, neu
rywle a berthyn i'r annedd-dai.

Y mae Dr Karl Blind yn 1881 yn ysgrifennu bod yn Ynysoedd Shetland a rhanbarthau gogleddol yr Alban greaduriaid y gellid eu galw'n ddynol. Fe'i gelwir wrth yr enw 'Ffiniaid'. Bydd bodau o'r fath yn trawsffurfio'n forloi, a hynny er mwyn twyllo. Drwy gymryd arnynt bod yn forloi y mae'r dynion o'u plith yn rwyfwyr tan gamp ac yn medru teithio'n dra-chyflym yn nyfroedd y moroedd. Yn eu byd ceir swynion, a'r gelfyddyd o iachau. Y maent hefyd yn medru dewinio. Mae gan y gwragedd a'r dynion yn eu plith grwyn sy'n eu galluogi i drawsnewid eu hunain yn forloi. Yn yr eigion y digwydd y trawsnewid hwn; ar y tir bodau dynol oedd y Ffiniaid.

Yn bendifaddau rhaid cymharu'n fwyaf arbennig y gwledydd Celtaidd ble mae prif gynefinoedd magu morloi, â'r lleoedd hynny sydd â chwedlau am fôr-fodau; sef arfordiroedd ynysoedd yr Hebrides, Orcni, Shetland, yn yr Alban, glannau Ynys Manaw, Iwerddon, gogledd Ramsey a Rona, Cymru, Cernyw a gogledd Dyfnaint. Dyma hefyd ble y bydd morloi'n heidio er mwyn geni a magu eu rhai bychain. Medd T. G. Walker yn 'Y Morlo', *Môn*, 1967/8;

Y mae'r Morlo wedi addasu'i hun yn llwyddiannus dros ben ar gyfer ei fywyd yn y môr. Gall gadw ei waed yn dwym yn y dŵr oer trwy gyfrwng yr haenen drwchus o saim a wisg dan ei groen. Mae blew ei fwstas yn hynod o synhwyrus. Gweithredent yn lle llygaid iddo mewn dŵr llwyd neu mewn tywyllwch dŵr dwfn, oherwydd gallant ganfod cynhyrfiad pysgodyn yn symud, a'i leoli, dan amgylchiadau pan na fuasai ei lygaid yn gweld dim . . . mae'r hen enw Cymraeg am y Skerries, Ynys y Moelrhoniaid (sydd yr un ag Ynys y Morloi), yn amlygu bod hon erioed wedi bod yn noddfa iddynt.

Yn ddiweddar yn yr Almaen cynhaliwyd arbrofion ble rhoed mygydau dros glustiau a llygaid morlo. Ceisiwyd ei ddenu i flwch dan y dŵr drwy geisio chwifio pysgodyn fel abwyd. Ni fethodd yr un tro! Yna gorchuddiwyd ei fwstash â mwgwd. Y tro hwn, methodd y morlo ddyfod o hyd i'r fynedfa i'r blwch. Prawf sicr bod y morlo yn canfod pellter a phle y mae pysgod ar gael; hyn i gyd drwy'r synhwyr a berthyn i'w fwstash. Creadur i'w edmygu, a'i barchu?

DYNION GLEISION MINCH YR ALBAN A'R IWERDDON

Perthynent i chwedloniaeth rhan o'r môr rhwng Ynysoedd Lewis, Shiant, a'r Ynys Hir. Creaduriaid goruwchnaturiol a pheryglus yn byw'n yr weilgi ydoedd dynion gleision Minch; angylion colledig ebe rhai chwedleuwyr; caethweision Mwraidd mynn eraill. Pobl oeddynt a adawyd yn yr Iwerddon gan Lychlynwyr yn y nawfed ganrif O.C. Ymdebygent i fodau dynol, ond bod ganddynt groen lliw glas. Môrddynion oeddynt, a byddent yn nofio ger llongau'n y môr, yn enwedig yn Swnt Shiant, ble y ceisient hudo morwyr i'r dwfn. Arbenigent ar godi ystormydd a fyddai'n achosi llongddrylliadau. Roeddynt yn byw mewn ogofeydd tanddwr ac roedd iddynt glan, a hyd yn oed bennaeth. Fe ellid eu trechu drwy ofalu mai chwi oedd yn cael llefaru olaf, a hynny gan orffen ag odl! Rhaid bob amser ydoedd eu drysu hefo posau dyrys.

Yng ngogledd Ynys Orcni fe'u cysylltir â morloi. O bosib, cynrychiolent gyfnod pan oedd hen drigolion y môr, hefo'u traddodiadau, coelion ac ofergoelion am y dwfn, o dan y lach; a phobl newydd yn meddiannu eu hen gynefinoedd ac yn tybio mai diafoliaid ydoedd y cyn-frodorion. Yr hyn a ddaw i'r amlwg ydyw'r hudoliaeth a berthyn i'r holl chwedlau hyn sy'n ymwneud â bodau rhyfedd – a'r ensyniad bod y môr-forynion a'r môr-ddynion, y morloi, o dras cyntefig a hynafol. Cymaint y credid bod achau rhai teuluoedd yn hannu o lwyth pobl y morloi fel y daeth coel i fodolaeth na fyddai'r un copa gwalltog o deulu pobl y morloi yn boddi'n y moroedd o'u cwmpas. Dyna paham, yn ogystal, na fyddai pobol-y-morloi byth yn lladd unrhyw forloi er mwyn gwneud defnydd o'u crwyn a'u cigoedd. Yn Sir Down, yr Iwerddon, ceir chwedl i'r perwyl bod morlo hynafol wedi dweud wrth helwyr mewn ogof ym Mhenrhyn Downpatrick eu bod drwy ladd morloi'n dinistrio cyrff a wasanaethai fel cartrefi i ysbrydion eu hynafiaid.

PLANT YR HEN GAIN?

Yn yr Hen Destament llofruddiodd Cain ei frawd oherwydd cenfigen, ac fel canlyniad i'w weithred ysgeler aeth Duw ati i greu pum chwydd ar gorff y llofrudd. Ceid chwydd ar ei dalcen, ar ei fochau a'i ddwylo, a byddai'r rhain yn cael eu trosglwyddo o'r naill genhedlaeth i'r llall tra pery'r teulu. Yn yr adroddiad am ddisgynyddion Cain (Llsgr. H.3.18 (1337) yng Ngholeg y Drindod yn Nulyn) dywedir bod gan Ambia merch Cain gynffon pysgodyn, ei bod yn teithio ar hyd y tir a hefyd yn byw'n y môr. Dywedir iddi gysgu yng ngwaelod yr eigion ac i frithyll daro arni a chwistrellu grawn i'w cheg agored. Wedi hynny bu iddi eni wyth ar hugain o blant. Yn chwedloniaeth Iwerddon lleolir Annwfn, sef yr Arall Fyd, oddi tan lynnoedd a'r môr. Y mae'r gair Gwyddeleg *fo* cyfystyr ag 'oddi tan' yn y Gymraeg tra y mae *muir* yn golygu 'y môr' a *fomoiri/fomoraig* o bosib yn golygu 'anghenfilod morol'. Perthyn Ambia neu'r fôr-forwyn golledig i fyd tanddaearol a thanfor. Merch a gondemniwyd ydoedd hi yng ngolwg y byd Cristnogol cynnar, a'r unig le ar ei chyfer ydoedd y dwfn.

Hwylio i 'sgota, a'r tywydd o bwys
i'r morwyr. Cerdyn post.

Rhyw gymaint am y tywydd

Y mae a wnelo nifer o ddywediadau am y tywydd a'r môr. Cynigir nifer o resymau am hyn. O edrych ar yr eigion mae'r gorwel yn eang ac oherwydd hynny y mae'n bosib cael arwyddion sicrach o'r cymylau a'r newidiadau yng nghyfeiriad y gwynt nag ar y tir mawr. Mae'n wir hefyd bod bywoliaeth morwyr a physgotwyr yn aml yn ddibynnol ar y tywydd a bod hynny'n ddigon fyth o reswm dros ymhel ag adnabod arwyddion o bob math.

Yn yr ardal o gwmpas St. Levan yng Nghernyw credir mai ysbrydion morwyr a foddodd sy'n llechu mewn gwyntoedd ystormus a'i bod hi'n bosib eu clywed yn gweiddi ac ysgrechian eu henwau. Dywedir mai pysgotwyr Newlyn ydoedd yr olaf yng Nghernyw i daflu ac offrymu pysgod i'r môr er mwyn rhyngu boddau yr ysbrydion a elwid *bucca-dhu* sef y bwgan/ysbryd du a'r *bucca-gwidden* (y bwgan/ysbryd gwyn), *puca* yn y Wyddeleg, a phwca yn y Gymraeg.

GWYMON A DAROGAN Y TYWYDD
Algae ydyw gwymon.
Ar fore'r unfed ar bymtheg o Fai, 2009, bu i sylw'r cyfryngau gael ei ddenu gan wymon a orchuddiai un o'r traethau yn Paignton, Lloegr. Golchwyd cymaint o wymon i'r lan fel yr ymddangosai fel blanced ar y tywod a'r gro. Ar y pryd dywedwyd fod hynny'n argoeli tywydd garw, glawogydd a llifogydd.

Gwymon codog (*bladder-wrak*) a ddefnyddid i ddarogan y tywydd yng Nghymru, drwy ei hongian tu allan i dai. Pe byddai'n troi'n llipa, a'r pothelli yn torri neu glecian wrth eu byseddu, yna arwydd o dywydd sych fyddai hynny. Pe byddai poethelli'r gwymon yn dynn ac yn anodd eu torri drwy bwyso hefo'ch bysedd, yna byddai hynny'n darogan glaw.

Cedwid gwymon yn ystafelloedd cefn aelwydydd yng Nghymru er mwyn cadw ysbrydion aflan draw.

UCHELWYDD Y MOROEDD
Defnyddid hwn mewn rhai lleoedd ar arfordir Cymru gan longwyr fel cloc tywydd neu faromedr. Os yw hi'n bwrw glaw pan fo'r llanw yn

cyrraedd y glannau yna bydd y bore canlynol yn amser tan gamp i hwylio. Os yw'n bwrw glaw â'r llanw ar drai yna bydd y tridiau sydd ar ddyfod yn wlyb a diflas. Gosodid y planhigyn mewn potel wedi ei llenwi â dŵr môr, a'i selio. Os try'r dŵr yn ddwl ac anghlaear, yna ceid stormydd, ac hyd yn oed lawogydd trymion. Os deil y dŵr i fod yn glir, deuai tywydd da.

LLIWIAU'R MÔR
Ar adeg cynhaeaf gwair yn fwyaf arbennig ceisiai amaethwyr a ddigwyddai fyw'n lled agos i'r môr chwilio am arwyddion glaw. Byddent yn gofalu astudio lliwiau'r eigion, yn enwedig wrth odre'r clogwyni. Os oedd y môr yn lân yna ceid cawodydd o law, ond pe byddai rhimyn llwyd-mwdlyd i'w weld, yn enwedig wrth odre'r clogwyni, yna tywydd drwg oedd ar ddyfod. Ceir y canlynol yng nghasgliad William Davies, Talybont:

> Tywyll fôr ac eglur fynydd
> Arwydd yw y sycha'r nentydd.

> Tywyll fôr a goleu fynydd
> Ddeil yr hindda yn dragywydd.

Pe byddai ceffylau gwynion yn ymddangos ar y môr prawf ydyw hynny o'r ymchwydd sylweddol sy'n y tonnau. Ran fynychaf, arwydd ydyw o dywydd tymhestlog. Pan fo'r awyr yn goleuo i gyfeiriad twll y gwynt un ai o'r môr neu'r mynydd, yna mae'r ddrycin ar fin cyrraedd ei therfyn.

Mae Twm Elias yn dyfynnu'r pennill hwn yn ei gyfrol *Am y Tywydd*:

> Golau fôr a thywyll fynydd
> Sychith gerrig yr afonydd.

> Tywyll fôr a golau fynydd
> Hir bery'n hindda yn dragywydd.

GWYLANOD YN NEWID CYNEFIN

Mae gweld gwylanod y môr yn dod i'r tir yn y gwanwyn yn arwydd o dywydd garw. Gwelir y canlynol yn *Hen Benillion* (gol. T. H. Parry-Williams):

> Yr wylan fach adnebydd
> Pan fo'n gyfnewid tywydd,
> Hi hed yn deg ar aden wen,
> O'r môr i ben y mynydd

Mae coel ynghylch tywydd creulon a gwylanod niferus yn y tir. Fel hyn y dywed William Davies am wylanod yn hedfan o'r môr i'r tir mawr (ardal Meirion):

> O'r môr y daw yr wylan
> A gwlaw wna ddarogan.

Credir yn bendifaddau mai darogan tywydd ofnadwy ydyw taro ar wylanod yn heidio ac yn hedfan tua'r mynydd – ni cheir ond tywydd ystormus i ddilyn. Mae gan Elias Owen yn ei gyfrol *Welsh Folk Lore* (1896) hanes am berson yn cerdded o Gorwen i Wyddelwern, ac ar y ffordd yn cyfarfod Cymro mewn gwth o oedran, hwnnw'n datgan wrtho, o weld gwylanod yn hofran oddeutu, ei bod yn argoeli tywydd ystormus. Ebe'r hen greadur wrtho:

> Drycin, drycin,
> Awn i'r eithin,

a phan fo'r gwaethaf ar ben bydd y gwylanod yn dweud wrth y naill a'r llall, cyn hedfan yn eu holau tua'r môr:

> Hindda, hindda,
> Awn i'r morfa.

Ni chlywsai'r croniclydd adrodd y rhigymau hyn erioed o'r blaen cyn hynny ac er holi ei gyd-wladwyr, nid oedd yr un ohonynt yn gyfarwydd â'r geiriau a adroddwyd gan yr hen ŵr.

GWYLANOD A CHEFN GWLAD

Os rywbeth, digwyddiad cwbl naturiol ydyw gweld gwylanod ymhell o'r môr ac nid ydyw o angenrheidrwydd yn proffwydo tywydd drwg!

Dyma beth a ddywed T. G. Walker yn *Adar y Glannau* (1955) am yr Wylan Benddu:

> Y mae'r wylan hon yn gyffredin trwy Gymru gyfan. Mynycha'r canoldir, y dyffrynnoedd a'r llynnoedd yn ogystal â'r tywynnau; ac y mae hi'n wybyddus, neu fe ddylai fod, i bawb. Hi yw'r lleiaf o'r gwylanod a welwn yng Nghymru; hon yw'r ddelaf yn fy nhyb i . . . Yn y gaeaf, gwanwyn, a dechrau'r haf, bydd ei phen yn ddu, lliw siocled tywyll yw o ddifrif; ond erbyn diwedd mis Awst, nid oes hanes o'r duwch i'w weld ar ei phen ag eithrio ychydig frithder o'r tu cefn i'w llygad. Cyn diwedd y flwyddyn, neu'n gynnar ar ôl y Calan, gwelir y duwch yn ymddangos unwaith eto, pan fydd y Benddu'n dechrau chwilio am gymar â'i bryd ar nythu.
>
> Yn fuan yn y gwanwyn, heidient at ei gilydd yn un cwmwl mawr lluosog [tywydd drwg? Go brin!] rai cannoedd ohonynt, gan gasglu o gwmpas y nythfa a fynychir ganddynt yn gyson o flwyddyn i flwyddyn os cânt lonydd a diogelwch yno. Sefydlir eu nythfaoedd mewn mannau amrywiol, weithiau ar dywyn yn agos i'r traeth, dro arall yng nghanol yr hesg mewn llyn filltiroedd o olwg y môr. Dewisiant hefyd ynys mewn llyn neu gulfor, a lle corslyd a brwynog.

Yn Ardudwy ym Meirionnydd nodir bod gwylanod sy'n dod yn uchel i'r tir gan amlaf yn llefaru yn uchel:

Os croch eu cri fydd gwylanod Mochras,*
Gellir disgwyl tywydd atgas.

*Ynys yn aber yr afon Artro heb fod ymhell o Lanfair a Llandanwg yng ngogledd-orllewin Meirionnydd.

Ers tro byd, y mae gwylanod wedi bod yn rhan o gefn gwlad Cymru, ond nid yno'n unig y buont yn creu stŵr, fel y dengys yr hanesyn canlynol, a ymddangosodd yn *Yr Herald Cymraeg* Chwefror 1, 1910:

Bu digwyddiad hynod ar y môr ger Caergybi yr wythnos diweddaf. Wedi bod yn wael am amser maith aeth Mr Lewis Roberts allan yn ei gwch i bysgota. Daeth dwy wylan ar ei gwch mor gynted ag y darfu angor, a cherddasant drosto.

Neidiodd un am y cetyn clai oedd yng ngheg Mr Roberts ac ehedodd ymaith gydag ef. Ond gan nad oedd yn smocio buan iawn y gollyngodd y cetyn i waelod y môr, a bu raid i Mr Roberts druan fod heb fygyn weddill o'r dydd. Nid ydys yn gwybod fod y gwylanod hyn yn talu sylw i neb ond Mr Roberts. Deuent ato o hyd a gwnant bryd ar ei bysgod os na fydd yn wyliadwrus.

Y GYLFINIR
Os y'i gwelir yn hedfan uwchben ac yn galw'n uchel, credai rhai o'r morwyr bod ystorm gerllaw a gwell aros adref na mentro i'r eigion.

Y TRAETH AWYR
Rhagfynegi glaw ydyw gweld cymylau sy'n debyg i draethell yn yr awyr ac a elwir yn 'draeth awyr'.

SYNAU A BERTHYN I'R MÔR
Yn ardal Llanfair ger Harlech dywedir bod sŵn y môr i'w glywed o Harlech (i'r gogledd orllewin) yn darogan glaw.
'Crochan Bennar Fawr yn corddi' – eto i'r de yn Ardudwy – o'i weld a'i glywed gellid disgwyl tywydd ystormus. Fel hyn y proffwydai pobol yn ei gylch, yn ôl Twm Elias yn *Llafar Gwlad* (1986):

Crochan y Bennar yn berwi
G'law mawr eto 'fory.

Tystir mai o'r de y daw ystormydd:

Os i'r de y try y gwynt
Dos bysgotwr ar dy hynt.

Dywed Morfudd Jones yn *Llais Ardudwy* (1984) am y goel ganlynol am lan y môr i'r de-orllewin yn Ardudwy, a'r crochan sydd yno o dro i dro:

Twrw mawr ar draeth Mochras ar y lle a elwir Penrhyn Barbara yn argoel o dywydd blin ac ystormus.

Pe byddech yn teithio ar Fôr Hafren, a chlywed y môr yn rhuo tipyn mwy chwyrn ger Pwynt Nash nac a glywyd eisoes ym Mhwynt Breaksea, yna gellid gwarantu mai mordaith anfoddhaol iawn fyddai'n eich haros.

LLEUAD SADWRN CAS GAN LONGWYR
Ysgrifennodd 'Gohebydd' yn *Yr Herald Cymraeg* ym Mehefin 1861 am amryw o hen draddodiadau yn cynnwys y traddodiad uchod. roedd hen longwyr a oedd wedi bod yn chwilio yn fanwl i amgylchiadau y tywydd am ddeugain mlynedd, yn sicr bod tywydd gwlawog ac enbyd i ddod bob tro y newidia y lleuad ar ddydd Sadwrn; ac felly y bydd am fis neu bum wythnos.

Arweinydd neilltuol o dda i longwyr ydoedd y lleuad. Pe ceid wyneb lleuad sy'n welw, g'law oedd ynddi! Lleuad coch – gwynt. Os gwelid y lleuad yn y nen, a hithau'n ddydd golau, byddai cyfnodau o dywydd oerach. Os byddai lleu-gylch o gwmpas y lloer, yna gellid gwarantu tywydd garw. Y cythraul ei hun ydoedd yn eich aros os oedd dwy leu-gylch o gwmpas y lleuad – ie, corwyntoedd!

Wedyn os oedd 'cyrn' y lleuad yn pwyntio ar i fyny, ceid dywydd sych, ond tywydd gwlyb a ragwelid yn digwydd os oedd y cyrn yn pwyntio ar i lawr.

GWELD Y PELL YN AGOS A'R AGOS YMHELL!
Yn ôl ymchwil Twm Elias, pe gwelid yn eglur Ynys Wair (Lundy) neu arfordir Dyfnaint oddi ar fwrdd llong yna gellid disgwyl stormydd,

ond os y byddai Ynys Wair neu lannau Dyfnaint dan niwl neu darth gellid disgwyl gwres aruthrol.

Y mae gweld tiroedd o gryn bellter ar draws y môr yn gallu arwyddo newid tywydd e.e. gweld Eryri o Benfro; Gwlad yr Haf o Forgannwg; Llŷn o Geredigion; gweld Manaw, Mynyddoedd Mourne ac Ardal y Llynnoedd o Fôn. Darogan glaw a wneid pe gwelid arfordir Iwerddon o Gymru yn y bore. Os gwelir wedyn diroedd yr Iwerddon gyda'r machlud, a hynny'n dilyn cyfnod gwael, yna byddai gobaith da am dywydd braf am rai dyddiau wedi hynny.

SAFLEOEDD LLONGAU YN Y MÔR
O weld llong yn ardal Nefyn, a'r llestr yn cysgodi y tu ôl i Drwyn Porthdinllaen gellid disgwyl storm enbydus.

YN ABER YR AFON
sef yr afon Teifi yng Ngheredigion:

Cawod gyda'r trai
Gwisg dy gôt a chadw hi'n gau.
Cawod gyda'r llanw
Tynn dy got a dod hi i gadw.

LLAMHIDYDDION
Enwau eraill ar lafar gwlad ar y creaduriaid hyn sy'n byw'n y môr ydyw *llambidyddion* neu'r *pysgod duon*. Fe'i ceir yn nofio tua'r gogledd yn yr haf. Yn sgil hynny ceir tywydd braf ond cyn gynted ag y byddent yn dychwelyd o'r gogledd bydd y tywydd yn troi.

Bydd drycin ymhen pedair awr ar hugain os digwydd i chwi weld llamhidyddion yn nofio ar yr ochr agosaf at y gwynt i gwch neu long, ond os dechreuant lamu o'r dyfroedd yna hindda ac nid drycin a geir.

CRANCOD
Bydd tywydd braf yn prysur ddyfod os oes llawer o grancod benyw yn y cewyll. Os bydd llawer o grancod gwryw ynddynt ni ellid ond disgwyl gwyntoedd cryfion ac ystormydd enbyd.

DISGLEIRDEB YN YR EIGION

Byddai pysgotwyr Enlli yn gweld y môr yn disgleirio yn y nos oherwydd y goleuni a ddeuai o greaduriaid bychain a elwid y Mordan, (sef y *Noctiluca*), ac roedd hyn eto'n arwydd bod tywydd braf ar ddyfod.

SLEFREN FÔR

Os ydyw'r slefren fôr yn niferus neu llawer ohonynt wedi cael eu golchi i'r lan, arwydd o dywydd braf fyddai hynny.

GWYNTOEDD

Peth da oedd ychydig o wynt yn y môr. Credai morwyr Ffrainc yn eu nawddsant Antony, a bod gwyntoedd dan ei reolaeth ef, ond byddai, meddid, yn bwrw ei amser yn gwneud dim byd ond cysgu. Doedd ond un ffordd i'w ddeffro sef trwy regi!

GWŶR HYSBYS AC YSTORMYDD AR Y MÔR

Dywedir fod y Fflemiaid wedi mewnforio math newydd o wrach i dde-orllewin Cymru a oedd yn ddychryn i bawb, a chan fod teithio ar y môr a physgota yn dra phwysig yn lleol, dechreuodd nifer o ddynion hysbys yr ardal werthu gwyntoedd teg i forwyr. Rhywbeth onide ond i fanteisio ar wendidau a chyfle i wneud rhyw gymaint o elw! Credir bod dyn hysbys Pentregethin a'i gyd-ddewin, Dafydd Lloyd ap Llywelyn, yn gwerthu gwyntoedd ystormus i long-ddryllwyr ac yn cael elw sylweddol am gyflawni hynny. Er mwyn creu diawch o ystorm eid ati i dyllu plisgyn ŵy a sugno allan y cynnwys a chwythu'n ddiymdroi i mewn i'r plisgyn gwag. Yna, fe selid y twll hefo cŵyr. Pan fyddai angen codi ystorm byddent yn malu'r plisgyn â charreg. Achosai hynny i wynt ruthro ohono ac achosi'r ystorm. Byddent hefyd, er mwyn creu ystormydd o law trymion allan ar y môr, yn llenwi sachau hefo dŵr a'u chwipio hyd nes bod y gwlybaniaeth yn codi ohonynt yn gawod o ddiferion.

Ynysoedd hud a lledrith

Meddai Gohebydd *Yr Herald Cymraeg* yn 1925:

Yr oedd tylwyth teg hefyd yn lled adnabyddus yn ein gwlad, yn enwedig yng nghreigiau glannau'r môr, a'r mynyddoedd. Yr oedd Penrhyn Porthdinllaen a phorthydd Tŷ Mawr a Bryn Gwydd [Pen Llŷn, yr hen sir Gaernarfon], yn drigfannau iddynt. Byddai'r rhai hyn yn cyflawni llawer o wrhydri gan ddangos llawer o garedigrwydd i'r rhai a fyddai'n dirion wrthynt, a dial yn dost ar bawb a wnai unrhyw sarhad arnynt.

Ym Melanesia yn y Môr Tawel credir i'r holl hud a lledrith gael ei guddio mewn fformiwläu sefydlog traddodiadol a berthyn i amseroedd cyn cof. Bydd geiriau swyn bob amser yn rhan o anadleuon dewiniaid. Hud a lledrith sy'n peri bod helfa dda o bysgod ar gael, ac yn rhoi mordaith ddiogel i bob llongwr gan ofalu bod y gwyntoedd yn eu ffafrio.

PONTAURI
Yn y Môr Tawel dyma dylwyth teg yr eigion.

RANGI-AOWHIA
Y Mholynesia, ble y dywed hen chwedl o lwyth y Maori i bysgotwr o'r enw Kahukura liw nos tra'n pysgota, weld tylwyth teg yn canu. Wrthi'n pysgota roeddynt hwythau hefyd. Defnyddient rwyd at y gwaith hwnnw, a gellid eu gweld yn amlwg yng ngolau'r lleuad. Pan ddechreuodd wawrio sylweddolodd y tylwyth teg mai dyn ac nid un ohonynt hwy ydoedd Kahukura a bu iddynt ddianc oddi wrtho. Roedd eu canŵau wedi eu gwneud o gorswellt a gellid eu troi mewn amrantiad at eu gwasanaeth. Ffeibrau hirion ydoedd eu rhwydi. Aeth Kahukura â'r rhwyd adref, a dysgodd ei bobl i bysgota hefo rhwyd yn hytrach nag hefo leiniau.

BRAN MAC FEBAL

Yn y ddogfen Wyddelig a berthyn i'r wythfed ganrif, *Imram Brain* (Mordaith Bran) mae Bran yn teithio drwy Mag Mell tra ar ei daith i Emain Ablach. Cyfeirir at yr eogiaid sy'n llamu fel lloau o'r môr.

SANT BREANNAIN/BRENDAN Y MORWR A'R ANTURIWR
(c 484-c 577 O. C.)

Un o fyneich enwog yr Iwerddon ydoedd Breannain a aned yng Nghiarraighe Luachara, ger porthladd Tralee, yn sir Kerry. Mae'n cael ei goffhau am amryw byd o resymau. Perthyn iddo chwedlau ynghylch ei antur fawr i ddarganfod 'ynys y breintiedig'. Ymhen amser fe'i galwyd hi wrth yr enw Ynys Sant Breannain. Yn y Wyddeleg *immram* ydyw'r enw am anturiaeth forol mewn llong neu gwch. Aeth Breannain â chwe deg o bererinion hefo fo, a'r bwriad oedd dyfod o hyd i Dir na nOg/Gardd Eden. Yn ystod y daith dywedir iddo, yn ogystal â gweld anghenfil yn yr eigion, daro ar ynys lewyrchus ei chnydau – credir mai ynys a ddaw i'r golwg o'r môr bob saith mlynedd ydoedd.

Mewn fersiwn arall o'r chwedl bu i Breannain lanio ar ynys a throi'n anghenfil morol anferthol o'r enw *Jasconius/Jascon*. Cred rhai ysgolheigion crefyddol mai alegori ydyw'r holl hanes, ac erys amheuaeth a dadlau o hyd ynghylch Sant Breannain ac ai ef a ddarganfu America.

EMAIN ABLACH/EMHAIN ABHLACH

Dyma ym mytholeg Iwerddon yr ynys baradwysaidd sydd ar arfordir Alba, sef Yr Alban. Dywedir mai hon oedd cartref Manannan mac Lir, duw môr yr Iwerddon. Fe'i cymherir ag Ynys Afallon yn y Gymraeg. Yn y nawfed ganrif O.C. yn nogfen *Sanas Cormaic,* pan sonnir am Eamhain yr Afalau, credid mai Ynys Manaw ydoedd Emain Ablach. Yno y byddai'r meirw yn mynd. I'r ynys hon yr hwyliodd Bran yn y chwedl *Immran Brain*. Yn y gerdd dywedir ei bod yn doreithiog o afalau, ac wedi ei hamgylchynu gan y môr hefo pedair colofn yn ei dal i fyny.

MAG MELL

Ym mytholeg yr Iwerddon, 'gwastadedd mwyniant a thrigfan y meirwon' ydoedd teyrnas fytholegol Mag Mell. Rhywbeth cyffelyb ydoedd i Ablach a Thir na nOg. Math o baradwys ydoedd wedi ei leoli ar ffurf ynys i'r de-orllewin o'r Iwerddon, neu hyd yn oed deyrnas o dan y cefnfor. Y brenin Tethra o blith cewri'r Ffomoriaid oedd yn teyrnasu yno ac enwir Manannan mac Lir hefyd fel llywodraethwr ar y deyrnas hudol. Rhai a geisiodd anturio er mwyn dyfod o hyd i'r ynys ydoedd Sant Breannain/Brendan, Bran mac Febal, a Mael Duin.

Sonnir bod preswylfeydd Manannan mac Lir yn orlawn bob amser o bobl tu hwnt o brydferth a bod yno gerddoriaeth hudolus ac adloniant diddiwedd. Cynhelid yno Ŵyl yr Oes pryd y ceid gwledd enfawr, hefo'r holl fwyd a fwyteir nid yn unig yn diwallu ond hefyd yn cadw rhywun yn ifanc am byth.

JOHN NESBIT O SIR FERMANAGH, YR IWERDDON

Capten llong ydoedd John Nesbit a laniodd ar ynys ryfeddol *Hy Braseal/O'Braseal* yn 1674. Ynys y Bendith ydoedd hon a ddeuai i'r fei yn bur rheolaidd. Dywedir bod morwyr yn dal yr ynys hon mewn cof wrth iddynt lanio am y tro cyntaf yn un o wledydd De America a dyna sut y cafodd Brasil ei henw.

TRIGFANNAU YNYSOL PLANT RHYS DWFN YM MHENFRO

Gwerddonau ynysig yng nghanol y môr ydyw eu trigfannau a'r hyn sy'n wirioneddol ryfeddol am yr ynysoedd ydyw mai ond ar adegau prin y gellir eu gweld. Droeon eraill nid ydynt yno o gwbl. Yr adegau gorau i'w gweld ydyw pan fo'r awyr yn glir a'r haul ar ei orau'n tywynnu!

PLANT RHYS DWFN

Dyma'r bobl fychain, sef y tylwyth teg ar lafar, yng Ngheredigion a'r hen Sir Benfro.

Dywedir bod pobl sir Aberteifi yn galw'r tylwyth teg yn 'Blant Rhys Dwfn' sef plant yr Is-ddwfn neu'r Is-fyd.

Mae traddodiad cryf yn sir Benfro ers canrif a mwy, bod morwyr wedi glanio ar ynysoedd hud a lledrith, ond cyn gynted ag y dychwelent i'w llongau fe ddiflannai'r ynysoedd o'u golwg!

Byddai trigolion bychain yr ynysoedd dan sylw yn mynychu marchnadoedd a hynny gan fwyaf yn Aberdaugleddau, Abergwaun, Aberteifi, Hwlffordd a Thalacharn, ond ychydig iawn o drigolion y rhannau hyn o Gymru a oedd yn medru eu gweld! Eto, fe wyddai pobl pwy oeddynt! Nid oedd eu presenoldeb mewn marchnadoedd yn rhyngu bodd pawb gan fod Plant Rhys Dwfn yn awchus i brynu ond y nwyddau gorau a byddai hynny'n peri i'r stondinwyr godi'r prisiau fel na allai'r werin dlawd obeithio cystadlu amdanynt! Byddai'r bobol fychan yn prynu cigoedd, gwenith ac yn y blaen. Talent bob amser hefo arian gloywon yn union fel y gofynnid amdano.

GRUFFYDD AB EINION A'R YNYSOEDD HUD A LLEDRITH
Yn ôl chwedlau'r ardal, roedd Gruffydd ab Einion wedi clywed am yr ynysoedd hud a lledrith draw'n y môr ger arfordir sir Benfro. Bob dydd byddai'n syllu ar y tonnau ond un tro tra'n sefyll ym mynwent Eglwys Tyddewi gwelodd yr ynysoedd! Rhedodd yn gyflym at lan y môr ac oddi yno yn ei gwch am y môr mawr agored, ond erbyn hynny, er mawr siom iddo, ni allai eu gweld. Yn ôl y chwedl digwyddodd i Gruffydd ddwywaith.

Fodd bynnag, o weld yr ynysoedd am y trydedd tro bu iddo gludo gydag ef ar ei gwch, ddernyn o dywarchen y bu'n sefyll arni ym mynwent eglwys Tyddewi. Y tro hwn ni chafodd ei siomi fel y ddau dro blaenorol, a glaniodd ar un o'r ynysoedd ble y'i cyfarchwyd gan y bobl fychain. Dangoswyd iddo amryw byd o drysorau a oedd ym meddiant Plant Rhys Dwfn.

Ond mynnai Gruffydd wybod ychwaneg ynghylch yr ynys hud a dangoswyd iddo blanhigion rhinweddol, rhai cwbl ddieithr iddo. Dysgodd mai'r planhigion hudol hyn a wnâi'r tylwyth teg yn anweledig i feidrolion. Dywedwyd wrtho'n ogystal bod y planhigion rhyfeddol a welodd ar yr ynysoedd hud yn tyfu ym mynwent Eglwys Sant Dewi a bod tywarchen tra-arbennig ar gael rywle yng nghantref Cemais. O sefyll yn y lle iawn a dal y dywarchen yn eich llaw, roedd hi'n gwbl bosibl gweld yr ynysoedd a thrwy hynny gyrchu tuag atynt.

Bu i Ruffydd ap Einion am flynyddoedd maith ddal ati i ymweld ag Ynysoedd Plant Rhys Dwfn a daeth yn gyfaill da a thriw i'r tylwyth teg a drigai arnynt.

TYLWYTH TEG YR EIGION YN YR IWERDDON
Dywedir bod tylwyth teg y môr yn teithio ar rai tonnau yn unig a'i bod hi'n bosibl rheoli'r tonnau drwy daflu cyllyll (cf. yma chwedl Llyn y Fan Fach yng Nghymru) neu unrhyw arf arall atynt. Yn ôl un chwedl Wyddelig bu i ddyn daflu arf at y don tra roedd tylwythen deg yn ei marchogaeth ac anafu llygad yr un fechan. Bu i'r dyn hwnnw oherwydd ei weithred gael ei daflu oddi tan y tonnau ble y'i gorchmynwyd gan deulu'r tylwyth teg i dynnu'r arf o lygad yr un a anafwyd ganddo.

YNYS MANAW A'R YNYS A WELIR BOB SAITH MLYNEDD
Mae rhai'n dweud iddynt weld yr ynys hon o Borth Siderick. Yn nyddiau Fin MacCooil Fawr bu i drigolion yr ynys ryfeddol hon ei sarhau mor enbyd fel y penderfynodd yntau ei melltithio, a'i lluchio i ganol yr eigion.

Trawsffurfiwyd brodorion yr ynys ryfeddol hon yn dalpiau o wenithfaen ond bob saith mlynedd byddent yn ail-ymddangos ar wyneb y dyfroedd, ond ni fyddent byth yn aros yno yn rhyw hir iawn, rhyw gwta hanner awr ar y mwyaf, a phetae rhywun yn gosod Beibl ar unrhyw fan a berthyn i'r ynys hon, yna fe ddinistrid yr hudolaeth a berthyn iddi.

GWERDDONAU LLION
Y maent ar ffurf ynysoedd anweledig rhywle yng nghanol yr eigion.

Gwerddonau Llion:
Tri Difancoll ynys Prydain: Cyntaf Gafran ab Aeddan a'i ŵyr a aethant i'r môr ynghyrch y Gwerddonau Llion, ac ni chlywyd mwyach amdanynt.

Madog:
Tri Difancoll ynys Prydain: . . . y Trydydd Madawg ab Owain

Gwynedd, a aeth i'r môr a thrivhannyn gydag ef mewn deg long, ac ni wyddys i ble ydd aethant.

Tŷ Gwydrin:
Tri Difancoll ynys Prydain: . . .; Ail Merddyn Bardd Emrys Wledig a'i naw Beirdd Cylfeirdd a aethant i'r môr, ac ni bu fan ydd aethant.

The Myvyrian Archaeology of Wales (1801)

Mae damcaniaeth arall hefyd yn cael ei hawgrymu, sef mai 'Caer Llion' y gelwid y Gaer ar 'Fynydd y Dref' a bod y dref yn cyfranogi o'r un enw. Pa un ai Llion ynte Lleon yw iawn enw y Gaer ni wyddwn. Os Llion, dygir gerbron ein meddwl enw a'i ystyr yn 'gydgynulliad dyfroedd, yr hyn a deifl gryn olueni o barhad safle y dref ar lan afon a môr'.

Tiroedd oddi tan y môr?

Rhai traddodiadau a'r chwedlau
a berthyn i wledydd eraill

Y DILYW

Dengys mytholeg Polynesia i'r dilyw gael ei greu oherwydd anghydfod cyd-rhwng meibion Rangi (Ouranos). Y ffrae hon ydoedd dechreuad rhyfel y Titaniaid. Gwelwyd duw yr ystormydd sef Tawhiri-Matea yn ymgiprys hefo ei frodyr Tangaroa (duw'r cefnfor), Tane Mahuta (duw'r goedwig) ac eraill. Ua-Roa (duw'r glaw hir) a oedd yn gyfrifol am foddi'r ddaear bryd hynny. Yn ystod y cyfnod dan sylw llwyddodd Papa (duwies y fam-ddaear), i guddio o olwg pawb a phopeth a phan laciodd y glawogydd cododd o'r môr. Dyna sut y crewyd ynysoedd Polynesia.

Chwedl tra gwahanol ar ryw ystyr sy'n bodoli ar ynys Ffiji. Yn nechreuad y byd bu i ddau frawd ifanc, tra'n hela, ladd Turukawa a

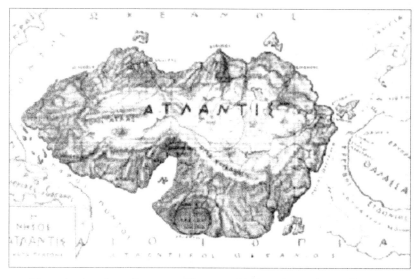

Map a luniwyd gan Patroczus Kampanakis (1891). Mae'n ymddangos, ynghyd â mapiau eraill o Atlantis, yn ei lyfr The Procatachysm of the World via Atlantis, *a gyhoeddwyd yng Nghonstinople yn 1893.*

oedd yn hebog ac yn gyfaill mynwesol i sarff-dduw o'r enw Degei. Penderfynodd y duw gosbi'r brodyr ond fe geisiodd y ddau ohonynt gael y gorau ar ddicter Degei drwy adeiladu amddiffynfa ag iddi ffens yn ei hamgylchynu. Ond cwbl ofer fu eu hymdrechion. Danfonodd Degei atynt rywbeth mil gwaeth, sef dilyw. Bu i'r hogiau edifarhau a gofynasant am faddeuant. Anfonodd y duw atynt ffrwyth *shadog* enfawr a bu iddynt ill dau eistedd ar hwnnw fel yr arnofiai yn y llifogydd. Ymhen talm o amser gostyngodd ac enciliodd y dyfroedd.

Y mae chwedl o Bali, Jafa a gwlad Thai sy'n adrodd sut yr achoswyd y dilyw a foddodd y ddaear. Cythraul o'r enw Hiranya-Aska/Hiranyaksa a achosodd y llifogydd gyda'r canlyniad ei bod hi'n rheidrwydd ar y duw Vishnu/Wisnu i newid ei hunan yn faedd gwyllt a defnyddio ei drwyn i durio a chodi'r ddaear o'r môr.

FFURF ARALL AR ENW NOA

Ym mytholeg Hawaii ceir chwedl am ddyn o'r enw Nu'u. Y mae'r holl ddigwyddiadau yn debyg i hanes *Noa* a'r arch a adeiladodd adeg y Dilyw. Camp *Nu'u* ydoedd adeiladu llong o faint sylweddol hefo caban ar ei bwrdd. Y caban hwn ydoedd cartref nifer o greaduriaid, moch yn eu plith, ac roedd yno hefyd hefyd ddigonedd o wreiddiau planhigion a chnau coco. Y diwedd fu iddo hwylio ei long i ddiogelwch ac ni foddodd yr un enaid byw ar ei bwrdd. Ymhen amser, danfonodd y duw Kane (duw a greodd y byd a'r môr) arwydd llawn gobaith fel y gallai Nu'u ei ddehongli, sef enfys yn yr wybren.

ATLANTIS

Yn nialogau *Timaeus* a *Critias* a groniclwyd gan y Groegwr Plato (c. 428-c. 347 C. C.), ynys ddychmygol o gryn faint rhywle yn y Cefnfor Gorllewinol ydoedd Atlantis. Dengys map Athanasius Kircher yn ei gyfrol *Mundus Subterraneu* a gyhoeddwyd yn Amsterdam yn 1669 union leoliad yr ynys. Ymddengys ei bod ynghanol Môr yr Iwerydd ac o bosib rhwng cyfandiroedd Affrica ac America.

Dywed Plato i Poseidon, duw'r môr, garu hefo Cleito, merch Evenor a Lecuippe a ganed iddynt efeilliaid gwrywaidd. Yr hynaf o'r brodyr ydoedd Atlas. Fo ydoedd brenin Atlantis a dyna sut y galwyd Môr yr Iwerydd wrth yr enw Atlantig.

Diflannu fu hanes yr ynys, a hynny o ganlyniad i ddaeargrynfeydd a llifogydd. Traflyncodd y môr Atlantis. Dywed Plato i Solon, offeiriad o'r Aifft, ddisgrifio'r Ynys wrth wleidydd o Athen gan ddatgelu ei bod o ran maint yn fwy nag Asia Leiaf a Libya hefo ei gilydd! Bu i'r offeiriad hwnnw honni bod pobl Atlantis yn bodoli yno ers y degfed mileniwm cyn Crist, a'u bod mewn brwydrau wedi trechu holl bobloedd Môr y Canoldir heblaw pobl Athen yng ngwlad Groeg!

Ynys golledig a honno'n tanio'r dychymyg? Deil rhai pobl sy'n ymddiddori mewn astudio'r moroedd mai Ynys Roegaidd ar un cyfnod yn y Môr Aegeaidd ydoedd hi: mai ffaith hanesyddol gredadwy ydoedd Atlantis. Honnir mai'r ynys Santorini ydoedd hi, neu ynys a gladdwyd o'r golwg yn y môr gan fynydd tanllyd rywdro oddeutu 1500 C.C.

Awgrymir hefyd mai ynys ydoedd hon yng Nghulfor Gibraltar a ddiflannodd o'r golwg yn niwedd Oes yr Iâ.

Yn 2009 honnid bod Atlantis wedi ei ffotograffu o'r gofod a hynny ar wely Cefnfor yr Atlantig chwe chant ac ugain o filltiroedd i'r gogledd-orllewin o arfordir Affrica ac heb fod ymhell o'r Ynysoedd Dedwydd. Dywedir ei bod fel Cymru o ran ei maint! Bernie Bamford a'i darganfyddodd ar wefan *Google Earth* ac roedd yr Athro Charles Orser, arbenigwr ar hanes Atlantis a churadur Archaeoleg Hanesyddol Prifysgol Talaith Efrog Newydd ar ben ei ddigon hefo'r newydd syfrdanol hwn ynghylch yr ynys a ddiflannnodd. Ond amheuwyd cywirdeb y llinellau grid a ddangosid, a dadleuwyd nad strydoedd tanfor oeddynt. Cynrychioli llwybr y llong a gasglai ffeithiau a wnai'r llinellau grid.

Honna ysgolheigion mai ynysoedd y Caneris ydoedd Atlantis. Ym marn dysgedigion eraill, rhan o arfordir Llychlyn ac America ydoedd hi. Chwedl neu ffaith, does neb yn gwybod yn iawn!

KUMARI KANDAM
Ar arfordir India, tir colledig y cyfeirir ato yn llenyddiaeth Tamil y canol oesoedd. Credir bod y tir hwn i'r deau o ardal Kanyakumari ym mhegwn deheuol yr India. Roedd y tir hwn yn eiddo i frenhinoedd Pandiyan a llifai yr afonydd Kumari a Phahruli trwyddo. Mewn

arwr-gerdd o'r bumed ganrif C.C. o'r enw 'Silappadhikaram', dywedir i'r 'môr creulon' foddi'r holl dir a fodolai rhwng yr afonydd Kumari a Phahruli. Erbyn diwedd y bedwaredd ganrif ar bymtheg a dechrau'r ugeinfed ganrif bu i genedlaetholwyr Tamil uniaethu Kumari Kandam hefo rhywbeth llawer mwy nerthol na thir a gollwyd i'r môr. Dyma meddent, grud gwareiddiad a dechreuad ieithoedd dynol, yn enwedig yr iaith Tamil.

Cerflun Urashima Taro ym Mitoyo, Kagawa, Siapan

SPORADES

Y gred ar un cyfnod ydoedd bod cyfandir cyfan yn bodoli ynghanol y Môr Tawel ac mai yno y gwelwyd ddechreuad cenedl y Polynesiaid. Bu'n rhaid iddynt ymadael oherwydd dechreuodd y tir lithro i'r cefnfor, a phenderfynwyd byw ar ynysoedd sydd ar chwal yn y Môr Tawel. Dywedir mai'r Sporades sy'n ganolog i Bolynesia ydyw'r hyn sy'n weddill o'r cyfandir a ddiflannodd.

UR Y CALDEAID, PEN UCHAF GWLFF ARABIA

Yn y flwyddyn 1929, tra'n cloddio ym mynwent hen frenhinoedd Ur, daeth i'r amlwg dystiolaeth a ddangosai bod olion gorlif sylweddol o'r môr wedi digwydd yn yr ardal dan sylw oddeutu 5,500 C.C. Cyfeirir yng nghofnodion ysgrifenedig *Cuneiform* y Sumeriaid at y gorlif; yn *Rhestr y Brenhinoedd* ymddengys cofnodion am y gorlif tua 2,100 C.C. O'r un cyfnod ceir hanes brenin o'r enw Ziusudra yn cael rhybudd am y dilyw gan un o'r duwiau, a mynd ati i adeiladu cwch ble lletywyd ei deulu a'r anifeiliaid.

URASHIMA TARO

Siapan. Yn y chwedl mae pysgotwr o'r enw Urashima Taro yn achub crwban a erlidir gan blant. Y mae'r crwban yn ei wobrwyo ac yn mynd ag ef i wlad Ryugu-jo, ac i balas Ryjiun sydd o dan y môr. Otohime, merch Ymerawdwr y Môr, ydoedd y crwban a achubodd Urashgima, ac fel rhan o'i wobr cafodd y pysgotwr dagellau pysgodyn fel y gallai anadlu yn y dyfroedd. Draig ar ffurf duw'r môr ydyw'r Ymerawdwr. Arhosodd Urashima dri niwrnod yno ond penderfyna ddychwelyd adref i un o ynysoedd Siapan er mwyn cael gweld ei fam a oedd mewn gwth o oedran. Yn drist o'i weld yn ymadael, rhydd Otohime flwch iddo. Hwn ydyw'r *tamatebako*, blwch llawn hud a lledrith na ddylid fyth ei agor.

Pan ddychwel *Urashima* adref, canfu fod popeth wedi newid. Nid ydyw ei deulu na'i gyfoedion yno mwyach. Roedd tri chan mlynedd wedi mynd heibio ers i Urashima fynd hefo Otohime i'r dyfnderoedd. Yn ei dristwch, ac yn hollol ddi-feddwl, egyr y blwch hud a lledrith a daw ohono gwmwl nerthol o fwg gwyn. Ar amrantiad try Urashima Taro'n hen ddyn a chlyw lais o'r môr; 'Mi ddywedais i wrthyt ti am beidio agor y blwch. Ynddo roedd dy henaint di.' Otohime sydd yno. Sylwer ar yr elfennau cyffelyb sydd yn y chwedl hon i chwedlau eraill e.e. Cantre'r Gwaelod, Oisin, a Tyno Helig.

YONAGUNI-JIMA

Ger Siapan. Dyma'r ynys fwyaf gorllewinol o'r ynysoedd a elwir Ryukyu. Ar ddiwrnod braf gellir gweld ar y gorwel gryn 108 kilometr/67 milltir i ffwrdd arfordir dwyreiniol Taiwan. Ar y pedwerydd o fis Mai, 1998, dinistrwyd rhan o'r ynys gan ddaeargryn tanfor.

Yn wythdegau'r ugeinfed ganrif, darganfuwyd graig danfor ar begwn deheuol yr ynys. Fe'i galwyd yn Gofeb Yonaguni-Jima. Yr hyn sy'n rhyfeddol amdani ydyw bod iddi derasau ar ffurf grisiau, a'i hochrau i gyd yn wastad. Er bod y rhan fwyaf o'r arbenigwyr ym maes daeareg yn dweud mai craig naturiol ydyw, tyfodd chwedl o'i hamgylch a dywedir bod y cerfio arni'n deillio o gyfnod sy'n ymestyn rhywle rhwng dwy a thair mil o flynyddoedd yn ôl.

DARGANFYDDIAD

Ar Ragfyr 10fed, 2009 yn y cylchgrawn Saesneg *Nature* datgelwyd ffeithiau ynghylch y dilyw a ail-lenwodd Môr y Canoldir bum miliwn o flynyddoedd yn ôl.

Achoswyd y dilyw gan Fôr yr Iwerydd yn torri ar draws cafn y Canoldir a oedd wedi sychu'n grimp wedi i gyfandir Affrica wrthdaro ag Iberia. Canfu ymchwilwyr yn yr unfed ganrif ar hugain sianel o ddŵr sy'n ymledu am ddau gan cilomedr yng Nghulfor Gibraltar, a chafn a luniwyd gan ddyfroedd yn amser y Dilyw, bum miliwn o flynyddoedd yn ôl. Credir bryd hynny i lefel y dyfroedd godi dros ddeng metr yn ddyddiol ac iddi gymryd dwy flynedd i ail-lenwi'r basn.

ARCHIPIELAGO DE CHILOE

Yn yr ynysoedd sy'n llechu ger arfordir Chile ceir ymhlith chwedlau'r brodorion y dystiolaeth ganlynol a ddengys wrthdaro pendant rhwng y da a'r drwg. Y mae'r môr hefyd yn hawlio ei le yn yr hanes.

Ymlusgiaid ar dir Chiloe ydoedd Cai-cai (ar ffurf neidr) a Ten-ten. Roedd yr holl dir bryd hynny'n unedig â chyfandir America ond bu i'r ddau ymlusgiad fynd i ymrafael â'i gilydd.

Bu i Cai-cai achosi i'r dyfroedd godi. Boddwyd y gwastadeddau, y dyffrynnoedd a'r bryniau, a chladdwyd y trigolion odditan donnau'r môr.

Edrychai'n debygol bod y dyfroedd yn mynd i orchuddio popeth ond ymddangosodd Ten-ten ac ymosod ar ei elyn Cai-cai. Bu iddo lwyddo i godi'r tiroedd a ddiflannodd o ganol yr eigion. Cynorthwyodd frodorion Chiloe i gyrraedd yr ucheldiroedd ble y dysgodd nifer ohonynt i hedfan gan droi'n adar. Cwbl aflwyddiannus mewn gwirionedd fu ymgais Cai-cai i orchuddio copaon y mynyddoedd â dyfroedd y môr, ac encilio a wnaeth y dilyw. Trawsffurfiwyd creaduriaid yn greigiau a chafodd pobl na lwyddodd i gyrraedd yr ucheldiroedd eu troi'n bysgod neu'n forloi. Daeth y dyffrynnoedd yn sianelau a chilfachau rhwng yr ynysoedd a thrawsffurfiwyd y mynyddoedd yn ynysoedd a ystyrid yn brydferth ryfeddol.

TSUNAMI

'Ton borthladd' ydyw'r enw arno yn Siapan, a thon enfawr ydyw sy'n achosi llanastr ymhen rhai oriau gryn bellter oddi wrth y man lle bu iddi ddyfod i fodolaeth. *Tsunami* ydyw'r enw arall ar don hegar sy'n ganlyniad i fôr-lithriadau, sy'n peri i rannau o dir tanfor symud; daeargrynfeydd sy'n achosi chwyddiadau yn y dyfroedd – fel cylchoedd a ffurfiwyd drwy daflu carreg i lyn neu bwll yn rasio am y glannau.

Credir i daran-follt oddeutu chwe deg a phum miliwn o flynyddoedd yn ôl greu ton anferth yn y môr a chreu llanastr ar y glannau.

Ar y dydd cyntaf o fis Tachwedd, 1755, ym Mae Lisbon, Portiwgal, yn dilyn daeargryn o gryn faint, aeth dŵr y môr ymhell allan ac aeth nifer o'r brodorion lleol ati i archwilio gwaelodion y bae. Boddwyd cryn nifer ohonynt ymhen rhai munudau oddi ar hynny gan y don enfawr *tsunami*.

Pan chwythodd pen mynydd tanllyd Krakatau rhwng Awst 26-27ain, 1883, gwelwyd tonnau yn y môr a oedd yn dri deg a phum metr (cant a phymtheg troedfedd) o uchder. Boddwyd hanner ynys Rakata rhwng Swmatra a Jafa a lladdwyd dros dri deg chwech o filoedd o bobl a phlant.

Daeargryn a fesurai naw a hanner ar raddfa Richter fu'n gyfrifol am achosi *tsunami* ar arfordir Chile yn 1960. Lladdwyd oddeutu dwy fil o'r boblogaeth yn Chile a 61 o bobl bymtheng awr yn ddiweddarach yn Hawai; ynghyd â 122 yn Siapan ymhen dwy awr ar hugain.

Rhagfyr 26ain, 2004: ddwy awr wedi daeargryn ger ynys Swmatra, a oedd yn mesur naw ar y raddfa Richter, bu i donnau naw metr (tri deg troedfedd), daro glannau dwyreiniol India a Sri Lanka, pellter o saith gant a hanner o filltiroedd oddi wrth tarddiad y daeargryn.

Ymhen saith awr byddai'r tonnau wedi cyrraedd gwaelod Affrica, fil ac wyth can milltir i ffwrdd. Lladdwyd dros ddau gan mil o'r trigolion, y colledion mwyaf yn Swmatra. Dioddefodd Bangladesh, India, Sri Lanka, Malaysia, Myanmar, y Maldifiaid, Somalia a Gwlad Thai oddi wrth effeithiau'r *tsunami*.

Cyn diwedd Hydref 2010, bu i fynydd tanllyd Merapi ffrwydro ac achosi i *tsunami* daro ynysoedd Mentawi yn Indonesia.

DAEARGRYN A TSUNAMI TOHOKU, SIAPAN, 2011

Digwyddodd *Nigashi Nihon Daishinasi*, neu 'y Ddaeargryn Fawr' yn Nwyrain Siapan am 14.46 Ddydd Gwener, Mawrth 11eg, 2011.

Daeargryn ydoedd hwn a fesurai 9.0. Mw, a darodd 43 milltir i'r Dwyrain o Benrhyn Oshika ger Tohoku.

Dyma un o'r pum daeargryn mwyaf nerthol y gwyddwn amdano, a'r daeargryn mwyaf erioed i Siapan ei oddef. Bu i Honshu, un o'r ynysoedd mawrion, ogwyddo 8 troedfedd i'r Dwyrain yn sgil y ddaeargryn. Cafwyd porthladd-donnau anferthol cymaint ag 133 troedfedd o uchder, a boddwyd dros 8 milltir o'r arfordir am gyfnod. Lladdwyd 15,689 o'r boblogaeth, anafwyd 5,714 o'r trigolion ac y mae 4,744, yn bobl a phlant yn parhau ar goll. Collodd oddeutu 4.4 miliwn o'r boblogaeth yng Ngogledd-Ddwyrain Siapan eu cyflenwadau trydan, ac 1.5 miliwn eu cyflenwadau dŵr, a bu ffrwydriadau mewn tair atomfa.

Y gwledydd Celtaidd

LIONES/LYONESSE/LEONAIS yn yr iaith Ffrangeg – CERNYW
Dyma'r wlad o ddigonedd a ddiflannodd oddi tan donnau'r môr. Ymestynnai gwlad o drwyn pellaf Cernyw, bedwar deg cilometr (dau ddeg wyth o filltiroedd) tua'r Gorllewin i Ynysoedd Scilly ac hyd yn oed ymhellach yn y Môr Celtaidd. Ceid yno nid yn unig ddinasoedd cain ond hefyd gant a deugain o eglwysi i gyd.

Y brifddinas ydoedd Liones, a adnabyddir erbyn hyn fel 'Y Saith Carreg' sydd i'w gweld yn y môr yng nghyffiniau Tregva. Honnir bod pysgotwyr wedi rhwydo yno fframiau ffenestri a drysau! Yma, fe honnir, y ganed Tristan mab y brenin Meliodas. Nid ydyw'r lle dan sylw ond clwstwr o greigiau yn yr eigion a chyfeirir atynt gan bysgotwyr Cernyw fel 'y ddinas'.

Mewn traean o noson diflannodd dinas Liones. Dywed un chwedl mai yn y flwyddyn 1089 y digwyddodd hynny. Bernir mai gor-don annisgwyl a fu'n gyfrifol am ei boddi ond y gred gyffredinol ydyw mai ystorm enbyd a barodd i donnau'r môr lifo dros y tir ac mai ar yr unfed ar ddeg o fis Tachwedd, 1099, y digwyddodd yr anffawd. Dim ond copaon y mynyddoedd a adawyd yn y golwg, sef Ynysoedd Scilly.

Un dyn yn unig a lwyddodd i ddianc. Ei enw oedd Trevilian, brodor o Basil ger Launceston. Gwyddai ef ers cryn amser bod y môr yn peryglu'r wlad. Er iddo rybuddio'r trigolion ni wrandawodd neb arno. Ers talm o amser dymunai symud ei deulu a'i anifeiliaid i dir uwch ond nid oedd wedi gwneud hynny. Ysgubodd y môr dros y tir. Marchogodd Trevilian ei geffyl gwyn hyd nes cyrraedd ucheldir Perranuthnoe, a bu i'w deulu ddefnyddio ceffyl ar garlam ymhlith tonnau'r môr fel rhan o'u harfbais teuluol wedi hynny er mwyn cofio'r digwyddiad. Dywedir i ddyn arall fedru dianc hefyd, ac aeth hwnnw ati wedi hynny i godi capel ger Bae Sennen yng Nghernyw.

Mynn ysgolheigion nad ar arfordir Cernyw y mae Liones ond yn hytrach yng ngwlad *Lethowstow,* sy'n enw yn yr iaith Gernyweg am dir a foddwyd. O bosib y mae'r gair *Lyonesse* yn tarddu o air Ffrengig sef *Leonais* a gair sy'n disgrifio *Lothian* yn yr Alban.

TIR FO THOINN – IWERDDON

Ar arfordir Iwerddon sonnir yn aml am drefi a foddwyd ble y gellir clywed clychau eglwysi oddi tan y tonnau'n canu i rybuddio'r morwyr o'r perygl o fentro yn rhy agos atynt. Byddai hynny'n gwneud synnwyr o gofio bod creigiau ar yr arfordir yn dyrrau ac yn ymdebygu i binaclau eglwysi.

Gellid eu gweld o bennau clogwyni ar y tir mawr, hynny ydyw; pan fydd goleuni yn danbaid dros y dyfroedd. Y mae chwedlau ynghylch tir a foddwyd yn perthyn hefyd i lynnoedd Neagh, swydd Antrim, a llynnoedd eraill yn yr Iwerddon. Yn y chwedl sy'n gysylltiedig â Loch Neagh, un o'r teulu O'Neill a adawodd ffynnon yn ddi-gaead. Golygodd hynny or-lifiad!

Yng ngorllewin sir Clare rhwng clogwynni Moher a Ballard, diflannodd tref Kilstaveen yn ôl hen chwedl dan donnau'r eigion. Cosbwyd y trigolion am eu difaterwch a'u annuwioldeb. Bu i drychineb yn 799 O.C. ar ffurf storm nerthol o wynt, taranau a mellt, ladd nifer o'r boblogaeth yn nhirogaeth Corca-Baskin ac i'r môr rannu yn dri darn Inis Fithae ar arfordir sir Clare.

Dywedir yn lleol y gellir hyd heddiw glywed cnul clychau mynachlog Kilstaveen a bod hynny'n arwydd sicr y byddai y sawl a'u clywodd yn boddi. Ond dywedir hefyd bod y chwedl yn perthyn i ddychymyg bywiog Michael Comyn, un a oedd yn dra adnabyddus yn sir Clare fel storïwr a chwedleuwr o fri.

KER-YS – LLYDAW

Dyma'r ddinas chwedlonol a geid ym mae Douarnenez. Ystyr y geiriau Llydaweg *ker-ys* ydyw 'caer is'. Adeiladwyd y ddinas gan y brenin Grallon ond anghofiodd godi'r ddinas ar lefel uwch na lefel y môr. Serch hynny, ceid yno fôrglawdd. Ganddo ef oedd yr unig allweddi i'r pyrth ar y môr-fur.

Roedd ganddo ferch o'r enw Dahut, a ladratodd yr allweddi oddi wrth ei thad er mwyn cynorthwyo'r Diafol. Y mae hwnnw'n agor y pyrth a boddi'r ddinas. Ceir gwahanol fersiynau o'r chwedl:

(1) Anfonodd Duw y Diafol yn fwriadol i Ker-ys er mwyn cosbi'r trigolion annuwiol am eu bod yn pechu'n dragywydd.

(2) Lladretir y goriadau gan Dahut er mwyn i'w chariad ddyfod ati i'r ddinas.

Gralon ydyw'r unig fod dynol sy'n dianc o'r dinistr. Boddir pawb arall. Dywedir iddo adeiladu tref Quimper, Finistere. Yno, o flaen eglwys gadeiriol Saint Corentin, ceir cerflun ohono ar gefn ceffyl yn edrych tuag at Ker-ys a'r wlad a foddwyd.

Ceir yma eto'n Llydaw fel yn y chwedlau am Gantre'r Gwaelod yng Nghymru a Liones yng Nghernyw, glychau'n canu dan y tonnau sy'n rhybudd i bobol ar dir sych bod tywydd garw ar ddyfod.

DIHAREBION LLYDEWIG – KER-YS

Yn yr holl fyd nid oedd cyffelyb ran gwychter a harddwch na Ker-ys. *Abaoue ma beuzet Ker Is. Ne'us kavet dan par da Paris*, o'i gyfieithu sy'n darllen; 'Ers boddi Ker-Ys ni welwyd cyffelyb iddi hyd yn oed ym Mharis'.

Pa vo beuzet Paris, e'ch adsavo Ker-Is; 'pan ysgubir Paris ymaith yna bydd Ker-Ys yn ail-ymddangos'.

YNYS MANAW

Dywedir bod ynys danfor ger Porth Soderick. Dewin medrus ydoedd Fin MacCooil ond bu iddo gael ei sarhau gan drigolion yr ynys. Penderfynodd eu cosbi drwy suddo eu pentrefi a threfi i waelod yr eigion. Trawsnewidwyd y trigolion yn wenithfeini. Caniatawyd iddynt ddyfod i wyneb y dyfroedd bob saith mlynedd. Byddent yno'n cael cwta hanner awr i syllu o'u cwmpas, ond os llwyddai unrhyw berson o'r Tir Mawr i osod Beibl ar hen safle ynys hudol Fin MacCooil byddai'r dewin yn diflannu am byth!

TIR NA NOG

Tir inna n-Oc yn yr Hen Wyddeleg. 'Tir yr ieuainc' ydyw ei ystyr, ac yno roedd Oisin yn byw. Gwlad na cheid mohoni ar fap, ond dywedir mai ynys ymhell dros y moroedd yn y gorllewin ydoedd hi ac na ellid mynd yno ond drwy wahoddiad. Y tylwyth teg a oedd yn trigo ar yr ynys a drefnai bob ymweliad!

Yn y Canol Oesoedd daeth yr hyn a elwid *echtrae* (anturiaeth) a'r *immram* (mordaith); gydag arwyr Gwyddelig, hyd yn oed myneich, i chwarae rhan allweddol yn yr holl chwedlau a berthynai i'r Iwerddon. Yn yr arall-fyd hwn ni fodolai unrhyw salwch nac ychwaith farwolaeth. Byd llawn harddwch ac ieuenctid parhaol ydoedd. I'r Hen Roegwyr *Elysium* ydoedd, tra yng ngwledydd Llychlyn fe'i gelwid yn *Valhalla*.

Er mwyn cyrraedd *Tir inna n-Oc* y mae Oisin yn marchogaeth ceffyl tra hudol sy'n carlamu ar hyd tonnau'r môr a phan ddychwel yr arwr i'r Iwerddon y mae can mlynedd wedi treiglo heibio. Mae hwn yn fotif sydd ar gael yn y chwedlau Celtaidd e.e. Ednyfed Fychan yng Nghymru.

CANTRE'R GWAELOD/MAES GWYDDNO

Y tir a gollwyd i'r eigion. Honnir iddo ddiflannu oddi tan donnau'r môr ganrifoedd yn ôl. Hyd yr ail ganrif ar bymtheg, Maes neu Dir Gwyddno ydoedd.

Tywysog y Cantref ydoedd Gwyddno Garanhir neu Hirgoes (a elwid hefyd Dewrarth Wledig ab Gorfyniawn ab Dufnwal Hen). Fe'i ganed oddeutu 520 O.C. Roedd o'n dywysog a bardd, ac yn ei feddiant roedd cawell pysgota tra arbennig.

Dywedir bod y deyrnas oddeutu ugain milltir i'r gorllewin o'r tir ym Mae Ceredigion ac yn rhan o Feirion. Gellid yn fras, er mwyn dangos ei maint, dynnu llinell ar fap gan ddechrau o Ynys Enlli hyd Ynys Ddewi ar arfordir Penfro. Roedd yn dir hynod ffrwythlon a gwerthfawr a amddiffynnid gan for-glawdd a dorau a gedwid yn agored ar drai ac ynghau pan ddeuai'n amseroedd y ddau lanw.

Ceid yn y Cantref un dref ar bymtheg; a'i phrifddinas oedd Caer Wyddno. Hafan Gwyddno, a safai yn y rhan o'r môr sydd rhwng Sarn Badrig a gwlad Meirion yn awr, oedd un o dri prif borthladd ynys Prydain. Rhoddwyd yr enw 'Mansua' i'r porthladd hwn a cheid masnachu rhyngddo â Llydaw a mannau eraill o'r Cyfandir. Safai Caer Wyddno ar gwr eithaf Sarn Gynfelyn gerllaw Aberystwyth, ac tno roedd palas y tywysog. Dynodir y fan yn bresennol gan adfeilion hen furiau.

Dynodir safle Caer Wyddno gan Samuel Lewis yn ei lyfr *Topographical Dictionary of Wales* (1833), a'i disgrifio fel 'casgliad o gerrig anferthol, saith milltir yn y môr i'r Gorllewin o dref Aberystwyth'.

SEITHENYN

Seithenyn ydyw'r un a gaiff ei feio am foddi Cantre'r Gwaelod/Maes Gwyddno. Dywedir mai mab Seithy og Dyfed ydoedd. Yn ôl *Cymru Fu* (1862):

Pa beth bynnag ellir ddywedyd am waedoliaeth Seithenyn, anhawdd fuasai dychmygu person mwy anaddas nag ef i lenwi y swydd, [sef gofalu am y llif-ddorau], oblegid gosodir ef allan yn Y Trioedd fel un o dri Charnfeddwon Ynys Prydain.

Y CHWEDL

Un noson dra hwyliog ynghanol rhialtwch gwledd, anghofiodd Seithenyn bopeth am gau'r llif-ddorau. Yn ôl fersiwn arall o'r chwedl, Seithenyn, ac yntau'n feddw dwll, a agorodd y llidiardau. Fo fu'n gyfrifol am y drychineb, a gwnaeth hynny'n fwriadol. Honnir y bu i'r trigolion a allodd ddianc o Gantre Gwaelod pan aeth o'r golwg dan donnau'r dŵr, y bardd Taliesin yn un ohonynt, ymgartrefu yn ucheldir Ardudwy ym Meirionnydd, Pen Llŷn a Cheredigion.

MERERID

Yn *Llyfr Du Caerfyrddin* cynhwysir cerdd a adwaenir fel 'Boddi Maes Gwyddno'. Sonnir am forwyn o'r enw Mererid a hefyd Seithenyn:

> Seithennin, saf di allan,
> ac edrychwyr – di faranres
> môr Maes Gwyddnau ryddes.

> Seithenyn saf allan fan yma ac edrych ar y môr gwyllt/ferw'r môr sydd wedi gorchuddio Maes Gwyddno

> Boed emendigaid y forwyn
> a'i helyngawdd gwedi cwyn,
> ffynnon fynestr môr terwyn.

> Melltithied y forwyn a ollyngodd popeth wedi'r wledd gan adael i ffynnon y môr garw gael ei arllwys

> Boed emendigaid y fachdaith
> a'i gollyngodd wedi gwaith,
> ffynnon ffenestr môr diffaith.

> Melltithied y forwyn a'i ollyngodd ar ôl y frwydr gan adael i ffynnon y môr diffaith gael ei dywallt

> Diaspad Fererid y fan caer;
> hyd ar Dduw y'i dodir.
> gnawd gwedi traha dranc hir.

Y mae llef Mererid o fan uchaf yn y gaer, wedi ei chyfeirio at Dduw. Bydd balchder fel arfer cyn ddiddymiad hir

Diddorol nodi mai enw a roddid ar y gwynt a ddaw o'r Gorllewin ydyw 'Llef (Diaspad) Fererid', fel y'i cofnodir yn *Llyfr Du Caerfyrddin*. Sylwer hefyd mai 'Maes Gwyddno' a grybwyllir a sut y bu i Fererid esgeuluso ei dyletswydd, (sef gwarchod y ffynnon), a gadael i'r dyfroedd orlifo hyd nes boddi'r tir oddi amgylch. Y hi sy'n gyfrifol am y llanastr ac nid Seithenyn druan, sylwer!

FFYNHONNAU'N GORLIFO A BODDI RHAN O'R WLAD
Thema gyffredin yn Ewrop ydyw rhywun neu rywrai'n fwriadol neu'n anfwriadol yn anghofio rhoi caead y ffynnon yn ei ôl, neu'n troi'n esgeulus drwy beidio cofio pa fodd i'w chau. Canlyniad hyn, fel y dywed Twm Elias yn *Llafar Gwlad* 87, ydyw gorlifiad.

Thema hynod boblogaidd ydyw honno ble dywedir i offeiriades o blith y tylwyth teg esgeuluso ei phriod waith o amddiffyn y ffynnon, gan adael i'r dŵr or-lifo, a boddi'r holl wlad.

Ceir y chwedl hon hefyd yn Iwerddon ble mae gwraig yn esgeuluso ei dyletswydd drwy beidio gosod y caead ar ffynnon y tylwyth teg. Yr hyn a ddeillia o hyn ydyw gorlifiad a ffurfio Loch Neagh.

Ffynhonnau'n gorlifo yng Nghymru

GRASI
Llyn Glasfryn, Eifionydd, Gwynedd.

GYWER
Ffynnon Gywer ger Llangywer, Meirionnydd. Roedd pobl leol yn cael cyrchu o'i dyfroedd ar yr amod eu bod yn gofalu bob amser gadael y caead arni. Os na wnaed hynny, byddai ysbryd y ffynnon yn cael ei gythruddo ac yn mynnu dial arnynt. Un noson bu i'r person a warchodai'r ffynnon anghofio rhoi'r caead yn ei ôl. Pan dorrodd y wawr diflannodd y pentref a cheid bellach lyn. Ie, Llyn Tegid! Ar

ddyddiau heulog a chlir gellir gweld toeau a simneiau y pentref oddi tan y dyfroedd!

LLECH OWAIN

Ffurfiwyd Llyn Llech Owain yn sir Gaerfyrddin drwy i Owain (pwy bynnag ydoedd y gwron), wedi iddo ddi-sychedu ei geffyl, lwyr anghofio gosod y garreg dros y ffynnon. Drwy i'r ffynnon orlifo y daeth y llyn hwn i fodoli!

CEREDIGION

Ochenaid Gwyddno Garanhir,   .
Pan droes y don dros ei dir.

Dihareb ydyw'r uchod a berthyn i arfordir Ceredigion. Fe'i defnyddir ar lafar gwlad pan fyddo un mewn cyfyngder diymwared neu pan mae dyn mewn sefyllfa nad oedd yn gyfrifol am ei achosi.

HEN GOEDWIGOEDD TANFOR

Gellir gweld yn aml foncyffion ffosiliedig ar draethau pan fo'r llanw'n isel. Olion hen fforestydd ydynt. Gellir eu gweld yn y Borth a Thywod Marros.

Bu i John Williams, Llwynwcus, ddarganfod ffosil ar y traeth ger Talybont, Meirionnydd, yn 1974 wedi llanw uchel. Ar drai daeth nifer o wrthrychau i'r golwg, yn eu plith gorn carw, a bu i archaeolegwyr daro ar hen ffordd ac olion pont bren heb fod ymhell o ble y canfyddwyd y ffosil corn carw. Perthyn y ffosil i oes 20,000 – 10,000 o flynyddoedd C.C., pan oedd yno goedwig. Bellach y cyfan a erys ydyw'r môr.

MANNAU SY'N COFFAU GALANASTR CANTRE'R GWAELOD

Dywed rhai mai i Fochras ger Llanbedr, Meirionnydd y rhedodd holl foch Cantre'r Gwaelod pan dorrodd y môr trwy'r llif-ddorau, ac mai oherwydd hynny y galwyd y lle yn Mochras. Ar fferm Ynys Gwrtheyrn, mae tir tywodlyd a elwir Cefn Ychain – dywedir mai yno y ffodd holl ychain y Cantref.

CLYCHAU CANTRE'R GWAELOD

Dyma'r clychau a berthyn i'r eglwysi (nid capeli, neuaddau, synagogau na themlau, sylwer) a ddiflannodd o'r golwg yn y môr. Ar Suliau tawel fe'u clywir yn tincial! Weithiau ni chlywir ond un cloch. Coffheir Clychau Cantre'r Gwaelod yng ngherdd John James Williams, (1869-1954):

O dan y môr a'i donnau
Mae llawer dinas dlos
Fu'n gwrando ar y clychau
Yn canu gyda'r nos . . .

SARNAU – HEN FURIAU CANTRE'R GWAELOD
A THIROEDD COLLEDIG ERAILL

Dywedir bod Cantre'r Gwaelod yn wlad wedi ei hamddiffyn rhag y môr gan gyfres o fôr-gloddiau. Dyma'r sarnau sy'n dal yn weladwy, medd rhai. Y mae nifer ohonynt ar onglau sgwâr sy'n ymestyn am sawl milltir mewn pedwar aber yng ngogledd Bae Ceredigion. Erbyn hyn credir mai *moraines*, sef grafael, clai, tywod a cherrig anferthol, wedi eu cludo yno gan rewlifoedd ac a doddodd yn niwedd Oes yr Iâ, ydyw'r olion a welir.

SARN BADRIG

'Sarn y bad-rhwyg' y geilw Thomas Pennant y sarn hon, oherwydd ei bod yn adnabyddus am ei llong-ddrylliadau. Yn bedair troedfedd ar hugain o drwch, ymestyn o Ynys Mochras ger Llanbedr, Meirionnydd, i'r de-orllewin am un filltir ar hugain. Ar yr adegau pan fo'r dŵr yn isel daw i'r golwg, gan adael y cerrig yn y golwg am tua naw milltir i gyd. Ymdebyga i olion hen fur ac ar ei diwedd ceir un ar bymtheg o gerrig enfawr; un ohonynt yn bedair llathen mewn diamedr.

SARN Y BWCH

I'r De ger y Bermo (Abermaw); ymestyn filltir a hanner i'r môr.

SARN DDEWI
Gerllaw Tyddewi yn yr eigion. Ymestyn tua chwarter milltir i'r môr o aber yr afon.

SARN GADWGAN
I'r Deau, oddeutu milltir a hanner o hyd, ger Sarn Dewi.

SARN GYNFELYN
Rhwng y Borth ac Aberystwyth. Ymestyn saith milltir i'r môr. Ar ei phen eithaf tybir bod adfeilion hen gaer. Y mae Lewis Morris fel nifer o Gymry eraill yn honni mai yma y saif Palas Gwyddno Garanhir.

CAER ARIANRHOD
Craig yn y môr rhyw dri chwarter milltir o'r lan, sydd i'w gweld ar drai rhwng Clynnog Fawr a Dinas Dinlle, Gwynedd. Fe ellir ei gweld pan fo'r llanw'n isel; clwstwr ydyw o fân gerrig yn y môr. Dyma, fe honnir, safle Castell Arianrhod a gipiwyd gan y tonnau a hyn i gyd oherwydd mai hen gnawes ddrygionus ydoedd Arianrhod. Serch hynny, yn *Trioedd Ynys Prydein* cyfeirir ati fel un o'r arglwyddesi harddaf Ynys Prydain. Y mae *Llyfr Coch Hergest* a berthyn i'r bedwaredd ganrif ar ddeg yn cynnwys hanes Arianrhod.

Mannau sy'n coffau Caer Arianrhod

PLWYF LLANDWROG
Gwennan bi Don, Elan bi Don, Maelan bi Don. (*Bi/Be-chwille/Be thuinne* yn y Wyddeleg ydyw 'merched y tylwyth teg'.)

Cofir o hyd yn lleol chwedl y tair chwaer a goffeir yn enwau Bedd-gwenan, Rhos-Maelan a Thyddyn-Elen, a sut y bu iddynt ddianc pan foddwyd Caer Arianrhod.

COEDYDD NOA
Yr enw a roir ar goedwigoedd sydd oddi tan ddyfroedd y moroedd yma yng Nghymru.

MORFA RHIANEDD, CLWYD
Tir a ymledai o Landrillo-yn-rhos i'r dwyrain ac a ddiflannodd yn y môr.

Chwedlau cyffelyb

LLYN CRUMLYN
Llyn ydyw hwn ger Llansawel ym Morgannwg ac ar ei waelod dywedir bod tref a phalasau yn bodoli. Tra'n sefyll ar y lan honnir pan fo hi'n wynt go gryf bod modd i don a gyfyd ohono eich sugno islaw y dyfroedd!

LLYN LLION
Ceir chwedl yn *Trioedd Ynys Prydein* ble dywedir i'r llyn hwn orlifo a boddi'r holl drigolion heblaw am bobl Dwyfach a Dwyfan a lwyddodd i ddianc ar gwch oddi yno cyn ail-dychwelyd ac ail-boblogi Ynys Prydain.

Y mae fersiwn arall o'r chwedl, a drafodwyd yn *Llafar Gwlad* yn 2005, yn dweud i long Nefydd Naf Neifion gludo i ddiogelwch greaduriaid o bob rhyw a fodolai yn y cwr hwn o'r wlad.

Cyfetyb y chwedl uchod i hanes Noa yn yr Hen Destament. Perthyn stori Noa i gategori arbennig o straeon hefo'r un elfennau yn gyffredin iddynt drwy'r byd. Mae chwedl ym Mecsico yn adrodd sut y gorlifodd afon. Aeth dyn o'r enw Tezpi a'i deulu ati'n ddygn i gasglu ynghyd hadau a chreaduriaid. Bu iddynt ddianc oddi yno mewn anferth o gwch, ac am dalm buont yn aros i'r gorlif ostegu. Danfonodd Tezpi fwltur i chwilio am dir – colomen a yrrodd Noa. Dywedir bod tua pum cant o straeon o wahanol rannau o'r byd sy'n trin a thrafod gorlifoedd a ddinistriodd wledydd.

LLYN Y MAES
Llyn i'r Gogledd o Dregaron, Ceredigion. Dywedir bod ar ei waelod bentref. Hwn, meddir, ydoedd pentref gwreiddiol Tregaron ond gan fod y trigolion bryd hynny mor gwerylgar a hunanol ac yn yfed a gloddesta yn barhaus fe ddialwyd arnynt am eu camweddau a'u

trachwantau. Daeth yn storm o fellt ac aeth y tai ar dân. Dechreuodd dywallt y glaw a boddwyd yr holl bentref a'i drigolion.

PANT LLYN
Oddeutu pedair milltir i'r de o Lanfair-ym-muallt, Powys. Ar ei waelod, dywedir, ceir tref hynafol.

TRAETH LAFAN/YR OERLEFAIN/TYNO HELIG/WYLOFAIN
Rhwng Biwmares a Phen y Gogarth ger Llandudno mae Traeth Lafan (Traeth yr Oerlefain/Wylofain). Dywedir mai tirogaeth Helig ab Glanawg/Glannog ('Gwlanog' a geir gan Wmffa Dafydd mewn erthygl yn *Cymru Fu*) oedd hwn.

Safai'r prif balas tua hanner ffordd rhwng Penmaenmawr a'r Gogarth a gellir gweld ei adfeilion pan fo trai tua dwy filltir allan i'r môr ger Trwyn yr Wylfa.

Cynhaliwyd gwledd fawreddog ym mhalas Helig yn ôl y chwedl, a thra roedd y cwmni'n gloddesta, tarawyd y telynor â dychryn wrth ganfod bod rhywbeth o'i le. Bu i un o'r gweision fynd i'r seler er mwyn cael mwy o win i'r gwesteion. Sylweddolodd fod y môr ar eu gwarthaf! Y gwas hwnnw a'r telynor ydoedd yr unig rai a lwyddodd i ddianc yn fyw oddi yno.

Y mae fersiwn arall o'r chwedl, sef bod gan Helig ab Glanawg ferch o'r enw Gwendud/Gwenduddrwy. Dywedir mai hi a fu'n gyfrifol am y dinistr oherwydd iddi ymserchu â llanc ifanc tlawd o'r enw Tathyl ac i hwnnw ofyn iddi ei briodi. Gwrthododd Gwendud wneud hynny, a gwatwarodd ef am nad oedd ganddo eurdorch am ei wddf fel pwysigion y cyfnod.

Er mwyn rhyngu bodd Gwendud bu i'r llanc lofruddio dyn cyfoethog a lladrata ei eurdorch. Dywedodd yntau'r hanes wrth ei gariad. Mynnodd hithau ei fod yn mynd ati i gladdu'r corff a chuddio'r oll a gyflawnodd.

Tra'n torri'r bedd clywodd Tathyl lais yn dweud wrtho; 'Dial a ddaw!' Aeth ar frys at Gwendud i ddweud wrthi am yr hyn a glywodd. Cynghorodd hithau iddo ail-ddychwelyd at y bedd a gorffen ei waith, ac os clywai y llais drachefn yna roedd o i ofyn pa bryd y deuai'r dial.

Wrth iddo orffen claddu'r corff, clywodd yntau'r llais eto. 'Dial a ddaw!' rhybuddiodd. 'Pa bryd?' holodd yntau. 'Yn amser dy blant, wyrion, gorwyrion, a'u plant hwythau,' ydoedd yr ateb a gafodd. Pan ddywedodd y llanc wrth Gwendud am hyn dechreuodd hithau chwerthin ac ebe hi, 'Mi fyddwn ni i gyd wedi marw erbyn hynny!' Bu iddi hi a'r llanc o lofrudd briodi ac aeth y blynyddoedd ar gerdded. Daeth un cenhedlaeth, ac ymddangosodd un arall.

Penderfynodd Gwendud a'i phriod gynnal gwledd er mwyn dathlu eu blynyddoedd gyda'i gilydd. Gwahoddwyd eu holl ddisgynyddion, a chafwyd hyd yn oed delynor o Fangor-is-coed i'w difyrru.

Dywedodd y telynor wrth forwyn yn y llys fod y broffwydoliaeth o ddial ar fin cael ei gwireddu, ond ni chymerodd hi rithyn o sylw ohono. Gofynnodd iddi gadw golwg ar y seler ac os y gwelai hi bysgod yn nofio yno i ddweud wrtho fo ar ei hunion.

Hanner ffordd drwy'r wledd daeth y forwyn at y telynor a dweud wrtho bod y seler yn hanner llawn o bysgod. Llwyddodd y telynor a'r forwyn i ddianc a chyrraedd y mynyddoedd uwchlaw Dwygyfylchi. Erbyn iddi wawrio gwelwyd bod Tynog Helig wedi ei foddi, a dernyn go helaeth o dir, rhyw saith milltir wrth ddeg, wedi ei golli i'r môr. Boddwyd nifer fawr o'r trigolion ond dywedir bod nifer o feibion Helig ab Glannog wedi dianc ac iddynt fynd i'r fynachlog ym Mangor-is-coed. Daeth nifer ohonynt yn saint, fel Aelfarch, Brothen, Celynnin, Gwynnin, a Rhychwyn, gydag eglwysi wedi eu cysegru iddynt yn Arllechwedd ac mewn mannau eraill yng Ngogledd Cymru.

MURIAU PLAS HELIG

Cofnododd Edward Pugh ei lyfr *Cambria Depicta* (1816) fod olion darn o sarn i'w gweld allan yn y bae ar lanw isel. Honna yn ogystal bod adfeilion tai i'w canfod ar drai bychan rhyw ddwy i dair ffathom o ddyfnder yn y môr rhwng Penmaenmawr ac Ynys Seiriol.

Dywedir bod muriau a berthyn i Blas Helig i'w canfod oddeutu milltir yn y môr oddi wrth y traeth ym Mhenmaenmawr. Bu i Charlton R. Hall, brodor o ddinas Lerpwl, a'r Parchedig Richard Parry, Llandudno, archwilio olion yn y man a adwaenir fel Tyno

Helig yn 1864. Bu iddynt weld gwymon yn tyfu o bennau'r muriau a thybiasent ar y pryd iddynt daro ar adfeilion neuadd palas Helig ab Glannog.

Bu i nifer o chwilotwyr ar hyd y blynyddoedd ddweud eu bod yn tybio, wrth drafod y safle, fod yno fur sy'n ymestyn dros bump a hanner o erwau i gyd.

HELIG

Helig Foel ydoedd mab Glanawg, a dywedir iddo lywodraethu fel arglwydd ar randir helaeth o wlad, a'r rhan fwyaf ohoni yn iseldir, rhandir a elwir Tyno Helig ac a orchuddiwyd gan y môr yn y seithfed ganrif.

TRWYN YR WYLFA

Dyma fryn ym mhlwyf Dwygyfylchi yng nghyffiniau Penmaenmawr. Nodir ar fap a gyhoeddwyd yn 1919 bod, heb fod ymhell o Ben-y-cae, Penmaenmawr, leoedd yn dwyn yr enwau Coed Trwyn'r Wylfa,

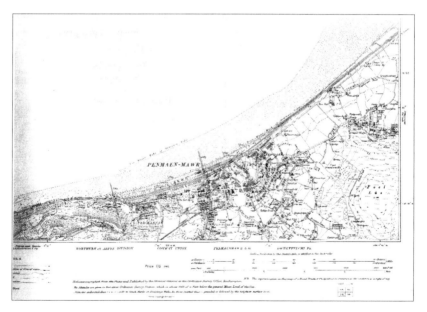

Map O.S. o'r 20fed ganrif sy'n dangos safle Trwyn yr Wylfa, a ffarm erbyn heddiw.

179

Ffynhonnau Trwyn'r Wylfa, a ger Tyddyn Du a Moel Lus ceir codiad o dir ag iddo'r enw Trwyn'r Wylfa. Yn y fan yma y bu i drigolion Tyno Helyg ymgynnull wedi iddynt ffoi oddi wrth donnau'r môr. Dyma'r bryn y bu iddynt sefyll ar ei gopa, gan edrych ar y tir a gollwyd. Gelwir pen y bryn hyd heddiw wrth yr enw Trwyn yr Wylfa, hynny ydyw, 'Crib y Galar Mawr'.

SEIRIOL WYN
Dywedir i'r mynach osod llwybr o Benmaenmawr hyd Ynys Seiriol fel y gallai ef a phererinion gerdded yno cyn dychwelyd yn eu holau ar dir sych. Honnir bod rhannau o'r palmant i'w gweld o hyd ar adegau neilltuol.

MAEN RHYS – MAEN-YR-HENSOR
Chwarter milltir allan i'r môr o Fae Colwyn mae craig o'r enw Maen Rhys a enwyd ar ôl bugail oedd yn arfer eistedd ar y graig yn gwylio'i braidd yn pori ar y dolydd islaw. Erbyn heddiw nid oes yno ond y môr a'i donnau.

WEDI DIFLANNU I'R MÔR
Dywedir bod darn mawr o dir gorlifedig i'r gogledd o dreflan Abergele. Fel prawf o hynny dyma gofnod o feddargraff ar hen garreg fedd ym mynwent Abergele:

> Yma mae'n gorwedd,
> Ym mynwent Mihangel,
> Gŵr oedd â'i annedd
> Dair milltir i'r Gogledd.

Nodir, fodd bynnag, bod y môr bellach o fewn tri chwarter milltir i'r dref!

CENFIG
Y mae Cenfig ger Porthcawl. Enw arall ar y fangre ydyw Cefn-y-Figen. Mae oddeutu milltir o'r traeth a dywedir i'r hen ddinas gael ei dinistrio gan godiad sydyn yn y môr yn ystod storm enbyd tua chanol yr unfed ganrif ar bymtheg. Y mae'r hynafiaethydd o Loegr

John Leland yn crybwyll yn 1540 iddo, tra ar daith yng Nghymru, weld yng Nghenfig adfeilion castell a thref yn prysur fynd o'r golwg oddi tan y tywod.

COED ARIAN
Coedwig ar wely'r môr ydyw hon sy'n ymestyn ar yr arfordir rhwng Mwmbwls a Chenfig.

Cantre'r Gwaelod – ychwaneg o dystiolaeth?

Ysgrifennodd Wmffra Dafydd yn *Cymru Fu* yn 1862:

. . . rai blynyddoedd yn ôl, cafwyd lluaws o goed derw, o dan wely y môr yn agos i geg afon Dysynni, un o ba rai a fesurai chwe troedfedd o drwch.

Oddeutu tair milltir i'r gorllewin o Aberaeron, a hanner milltir oddi wrth y lan, y mae cylch crwn o furiau peryglus, a elwir gan drigolion y cyrau hynny Eglwys y Rhiw.

Gwelodd Lewis Morys faen a gafwyd ganllath islaw pen llanw yn Sir Aberteifi, a llythrennau Rhufeinig wedi eu cerfio arni. Hefyd, darllenwyd papur o flaen Geological Society yn y flwyddyn 1832, ar y 'Goedwig Danforol', a ddarganfyddwyd tua'r amser hwnnw ym Mae Aberteifi.

Dywedai Mr Yates fod y goedwig hon yn ymestyn ar hyd tueddau Meirion ac Aberteifi, ac yn cael ei gwahanu yn ddwy ran gan ymarllwysiad yr afon Dyfi. Rhyngddi â'r lan, yr oedd traeth tywodog, a chlawdd o raean a cherrig bychain. Tu hwnt i'r clawdd, yr oedd llain o fawndir, a gorchuddid y goedwig gan haen o fawndir.

Yn Ail Gainc y Mabinogi disgrifir sut y ceid dwy afon yn hytrach na môr rhwng Iwerddon a Chymru. Yn ddios, yn ystod yr Oes Iâ, roedd lefel y môr rhwng y ddwy wlad yn isel, a hynny yn gadael bwlch llai ei faint rhyngddynt. Y ddwy afon oedd Lli ac Archan, ond ymhen amser cododd lefel dŵr y môr a boddi tiroedd.

Yn dilyn Oes yr Iâ, gwyddom y bu i lifogydd greu arfordiroedd o'r newydd. Oddeutu 17,000 a 7,000 o flynyddoedd yn ôl bu i nifer o gapiau rhew yng Ngogledd Ewrop a Gogledd Amercia feirioli, a'r canlyniad fu i lefelau y môr godi dros gan metr ac i 25 miliwn kilometr sgwâr o dir ddiflannu oddi tan donnau'r môr.

Y DYSTIOLAETH GYFOES – AI CHWEDL NEU FFAITH
YDYW GWLEDYDD TANFOR?
Yn 2006 gwnaed datganiad gan wyddonwyr o Gymru a brofai bod gwirionedd yn perthyn i'r hen chwedl bod teyrnas wedi ei boddi dan y môr ym Mae Ceredigion. Gwnaed y datganiad ar sail tystiolaeth werthfawr gan ddeifwyr a ffotograffwyr a oedd yn tynnu lluniau a chasglu tystiolaeth ynghylch Cantre'r Gwaelod. Gwnaed y gwaith ymchwil tanfor ychydig filltiroedd allan i'r môr o dref Aberystwyth fel rhan o brosiect tair blynedd gan Gymdeithas Ffrindiau Bae Ceredigion. Yr hyn a ysgogodd y prosiect ydoedd bod olion coedwig hynafol yn dyfod i'r golwg ar drai a brofai bod llifogydd wedi boddi'r tir. Dyddiwyd y coed gyda chymorth profion carbon i dair mil a hanner o flynyddoedd cyn Crist, sef yr oes Neolithig gynnar. Ar un adeg nid bae oedd yma ond iseldir coediog. Byddai'r môr wedi bod 35 medr yn is. Y mae'r goedwig danddwr yn ymestyn rhwng Tywyn yng Ngwynedd ac Aberystwyth yng Ngheredigion.

Na! nid chwedl yn unig ydyw Cantre'r Gwaelod mwy na Thyno Helig!

BODDI TIROEDD – FFEITHIAU HANESYDDOL
AC NID CHWEDLONOL
Ar y degfed ar hugain o Ionawr, 1607, bu llifogydd yn ne Cymru a boddwyd pentrefi, difawyd creaduriaid a lladdwyd niferoedd o bobol a phlant. Amcangyfrifid bod dwy fil os nad rhagor o'r boblogaeth ar lannau'r môr rhwng Talacharn yr hen sir Gaerfyrddin a Chaergwent ym Mynwy wedi boddi'n y llifogydd. Yn Eglwys y Santes Fair, Goldcliff, ger Casnewydd, codwyd cofeb i goffau'r drasiedi. Gwyddom i'r dyfroedd ddylifo o'r môr. Ni wyddom, serch hynny, beth yn hollol a achosodd y galanastr. *Tsunami,* tybir. Gwynt cryf a'r llanw ar ei uchaf? Nid yw'r moroedd byth yn llonydd.

Ar y chweched dydd ar hugain o'r mis bach, 1990, gadawodd y môr ei lanastr yn nhalgylch Towyn ger y Rhyl a mannau eraill gan gynnwys Ffynnongroyw i'r dwyrain o Bensarn a Thowyn. Cafwyd llanw eithriadol o uchel a drylliwyd y morgloddiau.

Beth ydyw'r moroedd?

Dyna'n wir a ofynnwyd ar ddechrau'r gyfrol, a hwyrach eich bod erbyn hyn yn cytuno i ryw raddau mai rhan annatod o'n hanes fel bodau dynol ydyw'r moroedd.

Ceir ynddynt ran fynychaf, ond nid bob tro ychwaith, halen, sodiwm, glasnwy sef clorin ac y maent hefyd yn gymysgedd o fwynau a nwyon.

Yn ddios perthyn iddynt eu henaint.

Do, fe'u crewyd a'u gadael yn ddwy ran o dair o wyneb ein daear ac mewn rhai mannau mae ei ddyfnder cymaint ag uchder mynydd sanctaidd Everest.

Erbyn hyn, gallwch weld paham y bu i'r capten dall hwnnw o Ynys Samoa ddewis teimlo'r dyfroedd. Yn yr oll o'n harferion, coelion, chwedlau a hyd yn oed yr ofergoelion a berthyn inni, erys y moroedd i'n cyfareddu.

I'r gwyddonwyr a'r daearegwyr nid ydynt ond cemegol a daearyddol. Nid ydynt ond cyrff enfawr o ddyfroedd llawn heli (neu yn achos moroedd fel y Môr Marw, heb dameidiau o halen yn perthyn iddynt). Ond hwyrach mai fel arall y gwelwch chwi hi. Onid ydyw'r moroedd hefyd yn orlawn o chwedlau, coelion, mytholeg ac ofergoelion? Ydyw, y mae'r anoddun/dyfnfor/eigion/gweilgi, a'r hen Ddafydd Jôs yn llawn egni ac yn rhan annatod o'n bywydau ni oll. Plant y moroedd ydym ninnau. Ni ellir gwadu hynny ac nid oes gwahaniaeth pwy ydych chwi ran iaith a chenedl, y *mae'r* moroedd yn rhan naturiol ohonom ni, ac yn perthyn inni i gyd. Hebddynt, tlawd eithriadol fyddai arnom ni ac ni fyddai ar ein cyfer ond byd heb iddo rhyw lawer o ystyron. Ond barn bersonol ydyw honno. Does dim rhaid i chi gytuno.

Dyfyniadau

Clywodd rhywun oddi mewn yn dywedyd fel hyn – 'Heddiw'r bore, gwelais gwmwl fel cledr llaw yn codi o'r môr . . . i gyd'. Aeth yntau [Gruffydd ap Llywelyn] adref, gan ddyfalu mai ef ei hun oedd y cwmwl bychan, ac mai Cymru oedd y môr, ac y byddai yntau'n frenin ryw ddydd ar Gymru gyfan; ac felly y bu.

R. T. Jenkins, *Storiau Gwallter Map*, 1941

Pan oeddwn yn fychan iawn, mi gydiodd rhamant y môr ynof mewn rhyw gwch bach gwaelod fflat, ac ochrau syth. Roedd y peth yn fwy fel arch go lydan nag unrhyw gwch, ond imi, roedd hwn yn scwner ac yn stemar. Yn hwn y byddwn yn mynd rownd yr Horn . . .

'Hogyn Maggie', o *Llafar Gwlad*, 1995

Yr oedd hudolaeth y môr yn unig i'r sawl a greddf y môr ynddo. Am ramant, ni chefais mono o gwbwl – rhyw Gannwyll Cors ydoedd. Gellwch ddweud fod rhamant wrth ddianc o flaen tarw, ond ni welodd neb ramant tra bu'r tarw ar ei ôl.

J. Glyn Davies, rhan o ddarllediad byw *Awr y Plant,* 1943

Llyfryddiaeth a darllen pellach

A. O. E. Cregyn Iago. Yr Haul 6/69 Medi (1904)
A.W. MOORE. The Folklore of the Isle of Man being an account of its myths, legends, superstitions, customs and proverb (1891); a. a. (1994)
ABSALOM, David; Cyfaill yr Aelwyd 7/6 Mawrth (1887)
Awen Meirion. Llandybïe: Llyfrau'r Dryw (1961)
BARBER, Chris; Mysterious Wales (1982)
CADNANT, John; St. Beuno. Perl y Plant 23/269 Mai (1922)
Campau Menai. Loch Ness arall? Papur Menai (6) Ebrill (1977)
CAMPBELL, John Gregorson; Superstitions of the Highland and Islands of Scotland. Glasgow: James Maclehose (1900)
CARR, Glenda; Casglu tystiolaeth o enwau lleoedd Trafodion Cymdeithas Hanes Sir Gaernarfon (2008)
Cymru Fu (1862)
Cymru'r Plant 12/135 Mawrth (1903), 12/137 Mai (1903)
D. J. Llysieyn St. Pedr (Samphire) a'r Pysgotwr. Perl y Plant 7/80 Awst (1906)
DAFYDD, Ioan; Cantre'r Gwaelod. (Perl y Plant 6/72 Rhagfyr (1905)
DAFYDD, Wmffra; Traeth yr Oerlefain. Cymru Fu... (1862)
DASENT, G. W.; Popular Tales from the Norse. Caeredin: Hamilton (1859)
DAVIES, J. Ceredig; Folklore of Mid and West Wales Aberystwyth: Welsh Gazette (1911)
DAVIES, Llinos M. (Gol.); Crochan Ceredigion. Chwedlau Gwerin i'r Hen a'r Ifanc. Aberystwyth: Cymdeithas Lyfrau Ceredigion (1992)
E. Llwyd WILLIAMS. Crwydro Sir Benfro (2). Llandybïe: Llyfrau'r Dryw (1960)
EDWARDS, Griffith; Cantre'r Gwaelod; or the Lower Hundred. Archaeologia Cambrensis 15 Gorffennaf (1849)
ELIAS, Twm; erthyglau yn Llafar Gwlad (1986 a 2005)
EMRYS, Dewi; Y Stori Dal. Ysgrifau. Wrecsam: Hughes a'i Fab (1937)
EVANS, J. D. (Joni Iard); Hiwmor y Chwarelwr. Penygroes: Cyhoeddiadau Mei (1977).
GRUFFYDD, Eirlys; Llafar Gwlad 13 (1986), 17 (1987), 25 (1989), 31 Y Gwanwyn (1991)
HAYCOCK, Marged; Dylan Ail Ton. Ysgrifau Beirniadol 13 (Gol.) J. E. Caerwyn WILLIAMS. Dinbych: Gee (1985)
HOGYN MAGGIE. Gwynt y môr. Llafar Gwlad 49 Yr Haf (1995)
HOWELL, Myfanwy; Hanes ein hen ffynhonnau. Môn 1/3 Y Gwanwyn (1950)
JARMAN a JONES. Llyfr Du Caerfyrddin. Caerdydd: Gwasg Prifysgol Cymru (1982).
John Owen HUWS. Llafar Gwlad 55 y Gwanwyn (1997).
JOHN, Brian Stephen; Fireside Tales from Pembrokeshire. Trefdraeth: Greencroft (1993)
a Pembrokeshire Folk Tales. Trefdraeth: Greencroft (1991)
JONES, Francis; The Holy Wells of Wales. Caerdydd: Gwasg Prifysgol Cymru (1954) a.a. (1992)
JONES, Gwyn; Tales from Wales. Rhydychen: Gwasg y Brifysgol (2001)
JONES, Ifan Morgan; Golwg Mehefin 15eg (2006)
JONES, John (Myrddin Fardd); Llên Gwerin Sir Gaernarfon. Caernarfon: Cyhoeddwyr Cymreig Cyf. (1908).
JONES, Morfudd. Llais Ardudwy 103 Gorffennaf (1984)
LLOYD, Lena; Capteniaid Nefyn. Llafar Gwlad 45 yr Haf (1994).
LLWYD, Angharad; A History of the Island of Mona or Anglesey. Rhuthun: R. Jones (1833)
M. A. COURTNEY. Folklore and Legends of Cornwall (1890)

MACKENZIE, Donald; Scottish Folklore and Folk-Life. Llundain (1936)
MATTHEWS, John P.; Sarn Badrig, Cantre'r Gwaelod a dinasoedd coll Bae Ceredigion: Y Gwyddonydd 30/2 Y Gwanwyn (1993).
MORGAN, Alun; Legends of Porthcawl and Glamorgan Coast. Y Bontfaen (1974); a.a. (1978)
Myrddin FARDD. Y Golofn Hynafiaethol. O'r Cyneirlyfr. Y Genedl Gymreig Mawrth 9fed (1887)
NORTH, Frederick John; Sunken Cities: some legends of the coast and lakes of Wales. Caerdydd: Gwasg Prifysgol Cymru (1957)
NORTH, Frederick John; The Legend of Llys Helig:its origins and significance. Llandudno (1940)
Ó HÓGÁIN, Dáithí; Irish Superstitions. Dulun: Gill a Macmillan (1995)
Ofer-goel Morwyr. Y Gwyliedydd (10/117) Ionawr (1833)
OPIE, Iona a Peter; The Lore and Language of School Children. Rhydychen/Llundain: Gwasg Prifysgol Rhydychen (1959); a.a. (1967-1973)
JONES, OWEN, WILLIAMS. The Myvyrian Archaeology of Wales (2) Llundain: S. Rousseau (1801)
OWEN, Elias; The Holy Wells of North Wales. Montgomeryshire Collections 37/53 Rhagfyr (1893) a Welsh Folk-Lore A Collection of the Folk Tales & Legends of North Wales. Wrecsam/Croesoswallt: Woodal, Minshal a'i Gwmni (1896)
P. W. JOYCE. The Wonders of Ireland and other papers on Irish subjects. Llundain: Longmans (1911).
PARRY-JONES, D.; Welsh Legends and Fairy Lore. Llundain: Batsford (1988) a Welsh Legends and Folk-lore Llundain: Batsford
Pennar DAVIES. Dylan Eil Ton. Taliesin 51 Ebrill (1985)
Peter F. ANSON. Fisher Folk-lore: Customs, taboos, and superstitions among Fisher Folk, especially in Brittany and Normandy, and on the East Coast of Scotland. Llundain: Faith (1965)
Phil CARRADICE. Witch Craft! Pembrokeshire Life Mawrth (1996)
R. Geraint GRUFFYDD. Dafydd ap Gwilym. Caernarfon: Gwasg Pantycelyn (1987)
R. MASON. Tales and traditions of Tenby. Dinbych-y-pysgod a Llundain, (1858)
R. T. JENKINS. Storiau Gwallter Map. Llandybie: Llyfrau'r Dryw, (1941)
R. Thomas WILLIAMS, (Trebor Môn) Llythyr desgrifiadol... (1896); Enwau Lleoedd ym Môn. Y Bala: Davies ac Evans (1908); Llythyr desgrifiadol, Cilcain a'r amgylchedd:a'r olygfa o ben mynydd tref henafol Aberconwy. Pwllheli: Richard Jones (1896); Llythyr desgrifiadol...(1896); Nodion o Gaergybi, sef cyfres o lythyrau Hynafiaethol, Hanesiol, a Chofiant am Ynys Cybi. Conwy: O. Evans (1877)
Rachael BROMWICH. Cantre'r Gwaelod and Ker-Is. Early Cultures of North-West Europe. (Gol.) Cyril FOX a Bruce DICKINS. Caergrawnt: Gwasg Prifysgol (1950)
RADFORD, K.; Tales of South Wales. Llundain: Skilton a Shaw (1979)
RHYS, Anthony; Celtic Legends of Pembrokeshire. Felinfach: Cyhoeddwyr Llannerch (1999)
RHYS, John; Celtic Folklore, Rhydychen: Gwasg Clarendon (1901)

ROBERTS, A.; Myths and Legends of Wales. Abercastle (1984); a.a. (1985-1992)
ROBERTS, Tony; Myths and Legends of Wales Abercastell(1984); a.a. (1985-1986, 1992
Robin GWYNDAF Llafar Gwlad 13 (1986); Chwedlau Gwerin Cymru. Caerdydd: Amgueddfa Werin Cymru (1989); Tair stori werin. Llafar Gwlad 25 yr Haf (1989)
ROSS, Anne; Y Diwydiant Celtaidd. Y Gwareiddiad Celtaidd (Gol) Geraint BOWEN. Llandysul: Gomer (1987)
ROWLANDS, Len; Choeliais i fawr! Sgyrsiau am ofergoelion bywyd. Rhegi ddeffro'r saint!

Dinbych: Gee (1993)
Sarah Larratt KEEFER. The lost tale of Dylan in the Fourth Branch of The Mabinogi.
Studia Celtica 24/25 (1989/90)
SENIOR, Michael; Helig and the myth of lost lands. Llanrwst: Carreg Gwalch (2002)
Showell STYLES. Welsh Walks and Legends. Caerdydd: John Jones. (1977)
Simon RODWAY. Mermaids, Leprechauns, and Fomorians? Cambrian Medieval Celtic
Studies (59) Yr Haf (2010)
STUART-PETERS, Mrs.; History of Pembroke Dock. Llundain: Elliot Stock (1905)
T. C. EVANS, (CADRAWD). Llên Gwerin Morgannwg. Cofnodion a Chyfansoddiadau
Eisteddfod Genedlaethol Aberdar (1885)
T. G. WALKER. Adar Y Glannau. Caerdydd: Gwasg Prifysgol Cymru (1955); Pwrs
Morforwyn. Ar Faes a Morlan. Caerdydd: Hughes a'i Fab (1950); Y Morlo. Môn 3/1 Y
Gaeaf (1967-68)
T. Gwynn JONES. Detholiad o Ganiadau. Gwasg Gregynog (1926); Welsh Folk-Lore and
Folk-Custom. Llundain: Methuen (1930)
T. Llew JONES. Gwenhidwy. Llafar Gwlad 51 Y Gwanwyn (1996)
THOMAS, Dr Gwyn; Duwiau'r Celtiaid. Rhif 24 Cyfres Llyfrau Llafar Gwlad. Gwasg
Carreg Gwalch (1992)
DEANE a SHAW. The Folklore of Cornwall. Llundain: B. T. Batsford (1975)
TREVELYAN, Marie; Folk-Lore & Folk-Stories of Wales Llundain: Elliot Stock (1909) a.a.
(1973)
W. H. STANLEY. On the remains of ancient circular habitats in Holyhead Island called
Cyttiau'r Gwyddelod, at the Tŷ Mawr, on the s.w. side of Holyhead Mountain. Archaelogia
Cambrensis (1868)
W. J. WATSON. The Celts in Britain. Comunn Gaidhlig Inbhir-nis. Transactions of the
Gaelic Society of Inverness 36 (1931-33)
W. O. PUGHE. Specimens of the Medieval Poems of Wales. The Cambrian Journal 2/1
(1858)
William DAVIES. Llên Gwerin Meirion Cyfansoddiadau a Beirniadaethau Eisteddfod
Genedlaethol Cymru Blaenau Ffestiniog (1898)
William ROWLANDS. Chwedlau Gwerin Cymru. Rhydychen: Gwasg y Brifysgol (1923)
WILLIAMS, D. J.; Y Felin Ryfedd. Cyfres Chwedl a Chân (1). Aberystwyth: Gwasg
Aberystwyth (1937)
WILLIAMS, John James; Y Lloer a cherddi eraill. Aberystwyth: Gwasg Aberystwyth
(1936)
WILLIAMS, Llywelyn; Rhai o goelion hen Siroedd Dinbych a Fflint. Llafar Gwlad 30
(1990)
Y Cymro, Mawrth 31 (1950), Ebrill 9 (1954), Hydref 23 (1958)
Yr Herald Cymraeg, Ebrill 7 (1925), Mehefin 8 (1861), Ebrill 7 (1925)

Cyfres Llyfrau Llafar Gwlad – rhai teitlau